Raphael Melo

Dentro da Igreja e Junto a Deus

1ª Edição

Rio de Janeiro
Raphael Pereira de Melo
2024

Copyright © 2024 by Raphael Melo

Coordenação Editorial   Luciano Thomé
Diagramação   Raphael Pereira de Melo
Capa   Raphael Pereira de Melo
Revisão   Luciano Thomé
Karoline Melo
Acácia Freire
Sandra Brito
Ciro Dornelles

TEXTO DE ACORDO COM AS NORMAS DO NOVO ACORDO ORTOGRÁFICO DA LÍNGUA PORTUGUESA (DECRETO LEGISLATIVO Nº 54, DE 1995)

ISBN: 978-65-01-24544-7

Apoiadores

Este espaço é destinado a honrar irmãos que contribuíram com uma oferta para ajudar a viabilizar este livro, ou que enviam ofertas mensais ao Ministério Muros do Evangelho, que não visa lucro, e sim alcançar almas, contribuir na edificação da Igreja de Cristo e glorificar a Deus.

Maria Solange Paz de Lima de Andrade
Míriam Vieira Martins da Costa
Sandra Cristina Brito de Lima
Yvone Maria Seixas Dornelles
Luana Martins da C. Borzino
Ciro Moseis Alves Dornelles
Leila Pereira Machado
Darlene M. da Cunha
Alexandre F. Barbosa
Telma Melo Siqueira
Maria Amelia A. V.
Alexandre E. S.
Jader M. M. S.
Marlene R. A.
Ana Júlia F. S.
Roberta V. S.
Silvania F. B.
Leandro B.

Se você também quiser ajudar e fazer parte desta causa no Reino de Deus, chame-nos no WhatsApp **(21) 97767-4141**.

Índice

"Disse mais o Senhor: Eis aqui um lugar junto a mim; e tu estarás sobre a penha." **(Êxodo 33:21)**

Para Gatinha, Acácia, João, Davi, Luciano e Sandra.
Com carinho especial também a todos os irmãos da
congregação do Ministério Muros do Evangelho.

Prefácio

Diante do sucesso do best-seller *"Dentro da Igreja e Longe de Deus"*, aguardei com grande expectativa por esta sequência.

"Dentro da Igreja e Junto a Deus" traz um novo tema, e tenho certeza de que aqueles que leram o primeiro, assim como eu, chegam com grande expectativa de serem edificados, e dou meu testemunho de que não serão decepcionados.

Enquanto o primeiro livro nos desafia a examinar nossas vidas e alinhar nossos caminhos com as Escrituras, esta nova obra nos convida a aprofundar a comunhão com o Senhor. *"Dentro da Igreja e Junto a Deus"* é um grande convite para mergulharmos na profundidade da intimidade com Deus.

Raphael Melo, com notável habilidade, nos guia nessa caminhada espiritual para descobrir a beleza de um relacionamento cada vez mais íntimo com Deus. Se você foi tocado pelo primeiro livro, encontrará neste uma abordagem diferente, mas igualmente arrebatadora. Convido você a mergulhar nesta leitura, até a Presença de Deus, e a glória dEle transformará sua vida.

Que esta obra seja uma benção para cada leitor, trazendo renovação, esperança e comunhão mais profunda com o nosso Senhor.

Com amor e gratidão,

Pr. Luciano Thomé

Prólogo

O som da TV preenche a sala enquanto um plantão urgente interrompe a programação. Um misto de curiosidade e apreensão percorre o seu corpo, mas você ainda não faz ideia de que está prestes a ver e ouvir algo inacreditável. A vinheta dá lugar ao apresentador, que surge com uma expressão carregada de urgência.

"Novas revelações surgem, prometendo abalar os alicerces do cristianismo e transformar o rumo da história. Um manuscrito recentemente descoberto afirma que os discípulos de Jesus de Nazaré planejaram uma conspiração para roubar seu corpo e fingir a ressurreição. E o mais impressionante é que as informações desse achado arqueológico levaram à localização do que parece ser a ossada de um homem crucificado há quase 2.000 anos. Na caverna, foi encontrada uma pequena pedra com a inscrição: 'Jesus de Nazaré, filho de José.' Especialistas declaram categoricamente que as novas evidências indicam que Jesus nunca ressuscitou, pois seriam dele os restos mortais encontrados. Essa é uma notícia que mudará o mundo para sempre."

Seu coração acelera. O telefone não para de vibrar. Os grupos de WhatsApp fervilham com mensagens chegando a todo instante. Amigos, familiares, conhecidos; todos têm algo a dizer. Links da notícia não param de chegar. "Você viu isso?", alguém escreve. "A verdade finalmente apareceu", ironiza outro. Alguns amigos céticos aproveitam para debochar: "E agora, cadê o Deus que você tanto prega? Seu Jesus está morto!"

Você gostaria de fechar os olhos, escapar dessa avalanche de informações perturbadoras, mas a TV persiste em narrar cada novo detalhe. Especialistas aparecem nas telas, afirmando com seriedade: "A história que acreditávamos conhecer pode ter sido uma grande fraude." Cada palavra parece pesar toneladas em seu coração. Mensagens e mais mensagens continuam a chegar no seu celular. As vozes dos amigos e conhecidos parecem aumentar de volume na sua mente. "Como você pode continuar crendo na Bíblia depois disso que foi descoberto?"

Tudo o que você acreditava, toda a sua fé, agora está envolto em uma densa sombra de dúvidas. O que antes era sólido, firme, parece desmoronar diante dos seus olhos.

O que você faria nesse momento? Como reagiria se tudo em que sempre acreditou fosse colocado em dúvida? Como ficaria sua fé em uma situação assim?

Lá no fundo do seu coração, uma pergunta ressoa: "Minha fé é forte o suficiente para resistir quando o mundo inteiro parece decidido a provar que Deus não existe?"

Guarde essa história. No final, retornaremos a ela.

Importante, Antes de Começar

Preciso dizer algumas coisas importantes antes que você comece a leitura.

Em todos os meus livros, reitero que só o Espírito Santo pode nos ensinar na esfera espiritual, e Ele sempre o faz com base no firme e único fundamento das Escrituras Sagradas. Portanto, como não poderia deixar de ser, fiz minha parte orando, estudando e meditando na Palavra, para que cada letra, frase, parágrafo e página desta obra glorifiquem a Deus, em Cristo. Contudo, você precisa igualmente do Espírito de Deus para lhe ajudar a entender e lhe revelar o que Ele quiser, por meio do que escrevi, sempre de acordo com a Bíblia.

Durante a leitura, tenha em mente que Jesus é a própria Palavra viva de Deus. Portanto, Ele falará ao seu coração da maneira que quiser, conforme o que você precisar, mesmo que minhas limitações e imperfeições humanas apareçam em muitas partes do texto. Lembre-se de que eu não sou mais cristão e nem tenho mais acesso ao Espírito Santo do que você.

É importante ressaltar que este livro não nasce como uma mera continuação resultante do estrondoso sucesso de *"Dentro da Igreja e Longe de Deus"*. Na verdade, na época, eu tinha um livro de quase quatrocentas páginas, que por direção de Deus, em oração, precisou ficar com menos de cento e cinquenta para a publicação.

A realidade é que muitos dos que precisavam ler *"Dentro da Igreja e Longe de Deus"* têm algum preconceito ou má vontade com livros grandes. A estratégia se revelou perfeita, como é óbvio, pois veio de Deus. A obra se tornou um super Best-seller. Então, muito do que você vai ler agora, neste segundo volume da trilogia, é o que já estava escrito e foi retirado na primeira publicação. No entanto, é importante ressaltar que não apenas repeti aqui o que já tinha escrito, mas reescrevi tudo, atualizando e incluindo o que, em oração, achei necessário para que esta obra glorifique a Deus e ajude muitas pessoas a encontrarem seu lugar junto a Ele.

Nessa jornada, tenho certeza que o Senhor falará com você na leitura da mesma forma que falou comigo enquanto escrevia.

Mantive aqui o que fiz em todos os meus livros anteriores. Usei minha experiência de escritor de ficção para contar histórias e facilitar o entendimento dos conceitos e aplicações de cada capítulo. Histórias são muito eficazes para ensinar e aprender, especialmente quando aplicadas na vida espiritual cotidiana. Não foi à toa que mesmo nosso Senhor Jesus Cristo, em diversas ocasiões, recorreu a elas. Suas parábolas nos ensinam, com simplicidade e profundidade, verdades espirituais transcendentais.

Não quero me comparar com Jesus, é claro, mas sei que tive a ajuda do mesmo Espírito que estava sobre Ele, quando usei cada história, na intenção de melhor me fazer entender.

Como sempre digo, de forma alguma, esta obra tem o objetivo de esgotar o tema. Todavia, de maneira direta e objetiva, procurarei conduzir você, sempre alicerçado nas Escrituras, a não apenas ser Igreja dentro da igreja, mas também achar seu lugar particular junto a Deus.

Se você não leu *"Dentro da Igreja e Longe de Deus"*, não precisa parar e lê-lo primeiro. Pode continuar este livro aqui. Porém, no fim, tenho a certeza de que correrá para ler ou até reler o primeiro volume.

No mais, oro para que Deus abra seu entendimento, não para o que eu quero dizer, mas para o que Ele quer lhe ensinar, por meio do que escrevi, sempre baseado na Palavra.

Boa leitura!

No amor de Cristo, nosso Senhor.

Capítulo 1 – Conhecer e Mergulhar

Entre os anos de 2009 e 2010, quando eu ainda era Analista de Sistemas em um grande banco no Rio de Janeiro, fui transferido para um novo prédio, que anteriormente era a sede do 30 Horas do Unibanco, adquirido pelo Itaú. Logo nos primeiros dias nesse novo local de trabalho, conheci um colega que chamarei de Ângelo. No início, nossas interações eram breves, apenas cumprimentos nos corredores ou comentários casuais sobre o trabalho. Eu já sabia que sairia da empresa em breve, pois, em obediência à orientação de Deus, havia solicitado o meu desligamento.

As semanas foram passando, e logo todos souberam que eu era cristão e pastor, pois não costumo perder nenhuma oportunidade de pregar o Evangelho e glorificar a Deus. Com isso, percebi que Ângelo começou a se aproximar mais, até que um dia me chamou em sua sala e desabafou:

— Sabe, Raphael, eu tô passando por uns problemas sérios no casamento. — Disse ele, com voz baixa e olhar triste. — Eu amo minha mulher, sei que errei muito com ela, mas não quero perder minha família. Não sei mais o que fazer, as coisas estão complicadas em casa.

Eu o ouvi atentamente e, dia após dia, passei a orientá-lo à luz da Palavra de Deus. Expliquei o quanto era grave a traição da confiança da esposa e disse que ele precisava se arrepender, abandonando o pecado. Mostrei como ele, acima de tudo, deveria converter-se ao Senhor, não apenas para que seu casamento fosse restaurado, mas para que fosse salvo, pois ninguém pode tentar ajudar a consertar nada envolvendo outras pessoas, se ainda não se consertou com Deus.

Na minha última semana de trabalho, quando faltavam poucos dias para o acordo de desligamento chegar, Ângelo me chamou novamente à sua sala. Ele me olhou com certa hesitação, tentou disfarçar uma lágrima que caía de seus olhos e perguntou se eu poderia orar por ele. Então, eu o abracei e orei ali mesmo, clamando para que o Senhor o fortalecesse e restaurasse seu casamento.

O que começou com cumprimentos formais e conversas casuais já era algo mais profundo.

No meu penúltimo dia na empresa, ele estava mais abalado do que nunca. Sentou-se à minha frente e, com a voz trêmula, desabafou:

— Rapha, eu não sei mais o que fazer... Meu casamento está por um fio. Vou perder minha família e a culpa foi minha. Estou perdendo tudo. — E irrompeu em choro profundo, como uma criança.

As lágrimas não paravam. Ele não conseguia mais segurar a dor. Tranquei a porta, fechei a persiana e o deixei chorar. Eu sabia que era um momento crítico, e orei pedindo que Deus trouxesse paz e direção à sua vida e ao seu casamento.

— Deus pode restaurar seu casamento, Ângelo. Creia! — Eu disse, com firmeza, após a oração. — Mas é necessário que você se renda por completo ao Senhor. Você não pode buscá-lO só para que Ele faça o que você está pedindo. É necessário se entregar por inteiro, adorando-O da mesma forma, mesmo que Ele não atenda seus pedidos.

Segundo as últimas notícias que recebi, a esposa de Ângelo havia se convertido e toda a família estava firme em uma Igreja Batista, na Presença do Senhor. Para glória de Deus, aquele casamento foi restaurado e a família transformada. Salvação chegou àquela casa.

Sempre Haverá Mais

"Conheçamos e prossigamos em conhecer ao Senhor." (Oséias 6:3)

Qual seria sua resposta, se alguém te parasse de surpresa na rua e perguntasse: "Você realmente conhece a Deus?" Penso que quase todos vocês diriam que sim. Mas e se a pessoa insistisse em uma segunda pergunta: "O quanto você conhece a Deus?"

Infelizmente, não são poucos os cristãos que tratam o relacionamento com o Senhor quase como algo casual, contentando-se em conhecê-lO superficialmente, enquanto buscam alguma profundidade apenas no que lhes convém, ou seja, naquilo que seja necessário para receber respostas às suas orações. Frequentam semanalmente a igreja, ouvem falar de Deus constantemente, leem a Bíblia de tempos em tempos, conhecem Suas obras, sabem principalmente sobre Suas promessas, mas ignoram duas palavras fundamentais, que nos acompanharão por toda a jornada neste livro: profundidade e intimidade.

Será que conhecer a Deus, para você, é apenas saber coisas sobre Ele? Daqui para frente, descobriremos isso juntos. E tenha certeza: você está prestes a ter as experiências mais extraordinárias da sua existência com o Todo Poderoso. Afinal, não importa o quanto você já O tenha conhecido, sempre haverá muito mais.

Relacionamento Não Pode Ser Terceirizado

O texto que lemos do profeta Oséias faz parte de um dos capítulos mais lindos da Bíblia, em minha opinião. É um convite profundo ao arrependimento, seguido de uma advertência séria e uma condenação pela infidelidade do povo, terminando na proclamação da fidelidade e da misericórdia de Deus. Portanto, no decorrer do livro, exploraremos alguns versículos deste capítulo, mas quero destacar agora, quando começo a tratar de relacionamento, a dramática necessidade de ouvirmos e atendermos esse chamado para conhecer e prosseguir em conhecer ao Senhor.

A intimidade com Deus só é alcançada por meio de um relacionamento pessoal com Ele. Ninguém pode fazer isso em seu lugar. Nem o pastor, nem os irmãos, ninguém. Não existem relacionamentos terceirizados, concorda comigo? E como em qualquer relacionamento, é necessário que a convivência diária com o seu Pai Celestial envolva tempo e dedicação que só você pode dar.

Ninguém prossegue em conhecer, se antes não conheceu a Deus. Porém, também não há quem já O tenha conhecido tanto, que não tenha mais o que conhecer dEle. O texto traz a clara ideia de continuidade. Você começa de onde está, conhece cada vez mais e nunca chegará ao fim da jornada nesta vida, pois sempre haverá mais do Altíssimo para se conhecer. Tal continuidade nada mais é do que seu relacionamento diário com o Senhor.

Não basta crermos em Deus e sabermos que Ele nos ama em Cristo Jesus; não basta conhecermos algumas passagens bíblicas, ouvirmos uma ou algumas pregações por semana, e conhecermos textos que falem de Suas promessas para nós; não, não é suficiente. Precisamos buscar a Ele, ouvir Sua voz por meio do Seu Espírito, conforme a Sua Palavra, e ter a experiência diária de que Ele nos conhece profundamente, pois uma coisa é sabermos que Deus sabe de tudo, outra é experimentarmos a cada dia os olhos e a Palavra do Senhor sondando o mais profundo do nosso ser.

Navegaremos nesta leitura por mares tão maravilhosos da revelação da Palavra e da glória de Deus, que você se sentirá tocando o Céu, onde quer que esteja, mas por agora, saiba do que é mais fundamental: não existe conhecimento e relacionamento com Deus sem oração e leitura da Bíblia. É dessa forma que dedicamos tempo a Ele. É assim que nos relacionamos com o Pai, em Nome de Jesus, por operação do Espírito Santo. Quanto mais tempo você passa lendo as Escrituras e orando, mais se aproxima de Deus, e consequentemente mais O conhece e prossegue em conhecê-lO.

Profundidade e Intimidade

Guarde bem o seguinte: apenas a profundidade no relacionamento diário com Deus resulta em intimidade com Ele. Não existem atalhos. Vamos ler juntos:

"Jesus, porém, retirava-se para lugares solitários e orava." (Lucas 5:16)

Perceba que o texto traz também a ideia de continuidade. Isso significa que Jesus costumava fazer isso rotineiramente. É fato inegável que Cristo, o próprio Deus encarnado, dedicava tempo para orar e estar com o Pai em lugares reservados para este relacionamento. Agora, a pergunta óbvia: Se Jesus, sendo o Filho de Deus, o Verbo vivo, o próprio Criador, estando em carne, precisou dedicar-se dessa forma em seu relacionamento com o Pai, quem somos nós para acharmos que podemos viver sem fazer o mesmo?

Ainda que você precise acordar mais cedo ou dormir mais tarde, é essencial separar tempo de qualidade para se aprofundar no relacionamento com Deus, orando e meditando em Sua Palavra, pois não fazê-lo é como virar as costas para toda glória prometida na Bíblia aos que têm intimidade com Ele.

Muitos cristãos, a propósito, sentem que suas orações não passam do teto, especialmente nos momentos de dificuldades. Isso acontece quando a intimidade com Deus não foi desenvolvida. A confiança só está presente em um relacionamento que é nutrido constantemente. Se você não se aprofunda na relação diariamente, Deus ainda estará lá, as promessas dEle ainda estarão de pé, mas a sua fé não será de alguém que confia totalmente, pois por não estar acostumado a estar com Ele todos os dias, seus olhos estarão fixados mais nas coisas deste mundo, que se podem ver, do que nas coisas do alto, que não podem ser vistas. Reafirmo e pergunto: se Jesus, o próprio Filho de Deus, retirava-se frequentemente para momentos de comunhão a sós com o Pai, quem é você para pensar que pode ter uma vida cristã cheia da glória do Senhor sem fazer o mesmo?

Não Apenas Servos, Também Amigos

Assim como a minha relação com o Ângelo foi se aprofundando com o passar do tempo, nosso relacionamento com Deus também precisa ser constante e crescente. Ele deseja que você O conheça e prossiga em conhecê-lO; que saia da superficialidade e mergulhe mais fundo, onde achará duas pérolas espirituais de valor incalculável: confiança e intimidade.

Jesus nos chama para sermos mais do que conhecidos. Ele deseja ser, além de nosso Senhor, nosso amigo, Aquele a quem recorremos diariamente em qualquer circunstância, principalmente pelo prazer de conhecê-lO mais e de Sua companhia. Claro que Deus também nos socorre e responde nossas orações, mas só experimentamos isso plenamente quando nosso maior prazer é a Pessoa dEle, e não o que Ele pode fazer para nos ajudar.

Você está preparado(a) para ir fundo? Já aviso que nada mais será como antes, pois a glória que nos espera é estonteante e transformadora. Contudo, antes de mergulhar, precisamos subir.

Vamos juntos ao Monte Sinai? Há algo extraordinário esperando por nós.

Capítulo 2 – Até a Altura da Glória

Morar aqui em Itaipuaçu é como viver rodeado diariamente pela majestade da criação de Deus. Cada fim de tarde traz uma obra de arte pintada pelo Senhor, com cores exuberantes, misturando a maresia, o céu, as montanhas e o sol. Moro a poucos quilômetros de uma das maiores atrações da região, a Pedra do Elefante. Famoso entre visitantes e aventureiros, o local faz parte de uma das mais belas trilhas do Parque Estadual da Serra da Tiririca. Já falamos muito aqui em casa sobre fazer essa trilha, mas ainda não encontramos tempo para isso. Mesmo assim, não é difícil imaginar essa aventura, pois além de ouvir histórias aqui perto, há muitos vídeos e fotos na internet.

Vamos imaginar essa trilha agora? No começo, o caminho parece simples. A paisagem encanta, cada passo é tranquilo, e você quase pode se sentir tocado pelos cheiros e sons da natureza ao redor. Mas à medida que avançamos, as dificuldades começam. O terreno se torna mais inclinado, as pedras ficam traiçoeiras e o cansaço começa a pesar nos ombros. Seu corpo pede para parar, mas a expectativa do que nos espera no topo, ainda distante, anima-nos a continuar.

Sinta o suor escorrendo pela testa e o vento fresco acariciando seu rosto enquanto você passa por entre as árvores. Cada passo sobre as folhas secas no chão é uma escolha entre parar ou seguir. E nós decidimos continuar, claro. O cansaço é real, mas a promessa de algo grandioso no final, renova as forças. Ao longe, o horizonte começa a se abrir. O topo se aproxima. O sol vai ficando mais fraco, o vento mais frio, e a expectativa maior do que nunca.

Quando finalmente chegamos ao topo da pedra, o pôr do sol dá aquelas boas-vindas inebriantes, que só a criação de Deus pode proporcionar. Tons de dourado, laranja e vermelho pintam o céu e refletem-se no mar logo abaixo, como uma obra-prima do Criador. Sem dúvidas, é um espetáculo que faz toda a dificuldade da trilha valer a pena.

Mas a jornada ainda não terminou. Afinal, a apoteose dessa aventura é o nascer do sol visto do alto da Pedra do Elefante. A noite cai, o frio aumenta, a escuridão é densa e o silêncio temperado pelos sons noturnos da mata é quase assustador. No entanto, se já chegamos tão longe, nada vai nos impedir de esperar o amanhecer, ainda que passemos a madrugada praticamente em claro. Então, você acorda de um rápido cochilo e é surpreendido pelas outras pessoas do grupo levantando e pegando seus celulares. O primeiro raio de sol vem surgindo. O famoso amanhecer da Pedra do Elefante está diante de nós. A luz dourada do sol parece emergir do mar no horizonte. A criação explode em uma beleza indescritível, que reflete a glória do Criador, tornando todo o cansaço insignificante diante da grandiosidade que enche nossos olhos. Só o que sobra é o desejo por aproveitar cada segundo de tamanha beleza.

Conhecimento e Chamado

No mesmo livro do profeta Oséias, no capítulo 4, Deus é claro em dizer que Seu povo está perecendo, sendo destruído, porque lhe falta o conhecimento. Aliás, que tal pegar sua Bíblia agora, se já não estiver com ela? Pode ir, eu espero aqui. É importante que você leia os textos, pois tudo que escrevo não vale de nada, se não te fizer conhecer e ler mais a Palavra de Deus.

Pessoalmente, prefiro a Bíblia no papel, mas se você usa aplicativo, pode abrir aí. Pegou a Palavra? Abriu o aplicativo? Então, podemos continuar. Procure Oséias 4 e leia o versículo 6.

Um dos motivos para eu insistir que você buscasse sua Bíblia e lesse o texto nela é ressaltar que só se conhece a Deus conhecendo Sua Palavra. Claro que a oração é também essencial no relacionamento, mas a Bíblia é o firme fundamento da nossa fé, única fonte de revelação segura e inerrante da Verdade do Senhor. E conforme o versículo que você acabou de ler, sem conhecimento, você está vulnerável a ser enganado por falsos profetas e doutrinas de demônios, e a não conseguir ter um relacionamento com Deus, além de estar suscetível a ter sua vida destruída pelo pecado e por satanás. Compreendeu isso? Que bom! Sigamos.

"Vinde, e tornemos ao Senhor..." (Oséias 6:1a)

O capítulo que nos conclama a conhecer e prosseguir em conhecer ao Senhor começa com este chamado ao arrependimento e ao início de um relacionamento com Deus. Oséias profetizou no Reino do Norte, quando Israel enfrentava grandes instabilidades políticas e corrupção moral. No capítulo 6, o povo é chamado a deixar a superficialidade religiosa e mergulhar em uma relação sincera com o Deus que julga aqueles que O afrontam, mas que é fiel e misericordioso para com os que se voltam a Ele. *"Vinde, e tornemos ao Senhor..."* não é apenas um chamado para atitudes externas, mas um apelo aos corações, para que por meio de uma transformação interna, os atos exteriores passem a obedecer e glorificar a Deus.

Assim como Israel foi chamado à reconciliação com Deus através de Oséias, muitos são chamados hoje. Os que ainda não foram salvos, para que se arrependam de seus pecados, creiam em Cristo como Senhor e confiem nEle para salvação, abandonando a velha vida e passando a viver para Deus; e os cristãos que porventura estejam mornos espiritualmente, conforme lemos sobre a igreja de Laodiceia em

Apocalipse 3:14-16, para voltarem-se de todo coração ao Senhor, abandonando a mornidão religiosa vazia.

Você pode ouvir? A Palavra de Deus por meio da boca de Oséias ainda ecoa para nós. É uma conclamação urgente! Um chamado para estar no único lugar onde podemos conhecer e prosseguir em conhecer ao Senhor, e ver cada vez mais o brilho estonteante da Sua glória.

Dentro da Igreja Sendo Igreja

No primeiro volume desta trilogia, intitulado *"Dentro da Igreja e Longe de Deus"*, explico em detalhes os dois significados que a palavra *"igreja"* tem atualmente na língua portuguesa. Se você estiver lendo este livro antes, é muito importante que também leia o primeiro. Contudo, vou resumir aqui o que é indispensável que entendamos.

Sobre o movimento perigosíssimo denominado *"desigrejados"*, falaremos mais à frente. Agora, falemos sobre significados. Basicamente, a palavra *"igreja"* pode se referir a uma organização religiosa ou a um Organismo Vivo. Uma Instituição religiosa, com templo, bens, CNPJ, endereço e todas as características de uma associação jurídica brasileira, ou o Corpo de Cristo reunido em assembleia, composta por cristãos que são templos do Espírito Santo nesta terra, e que se reúnem para congregar em comunhão uns com os outros e com Deus, em Cristo Jesus.

Entendendo isso e assumindo que você não está dentro da igreja (instituição religiosa) e longe de Deus, mas sim dentro da igreja (instituição religiosa) sendo Igreja (Corpo de Cristo), vamos continuar.

Você está satisfeito com o seu conhecimento atual de Deus? Com as experiências que tem tido até agora? Acha que pode conhecer e experimentar muito mais dEle? Sim, claro! Eu também. Por isso, mesmo dentro da igreja e sendo Igreja, há muito mais. Existe um lugar junto a Deus, onde podemos ver a Sua glória de formas que jamais sonhamos ou imaginamos.

No Alto Para Ir Mais Fundo

Que tal voltarmos a subir um monte? Dessa vez não é em Itaipuaçu. É o Sinai. Venha, subamos juntos por esse caminho pedregoso e empoeirado. Agora, escute. Em meio as rochas e o barulho do vento, a voz de Moisés faz um dos pedidos mais ousados da Bíblia:

"Então, ele disse: Rogo-te que me mostres a tua glória." (Êxodo 33:18)

Quando isso aconteceu, Moisés conhecia o Senhor e já tivera experiências extraordinárias com Ele, inclusive as dez pragas no Egito e a abertura do Mar Vermelho, mas este pedido deixa-nos algo muito claro: ele sabia que havia muito mais de Deus para ver e conhecer.

A vida de Moisés nos mostra na prática o que Oséias quer dizer quando nos chama a conhecer e prosseguir em conhecer ao Senhor. A jornada nunca termina, pois Deus é infindável. Quanto mais O conhecemos, mais há para conhecer; quanto mais vislumbramos da Sua glória, mais há para ver. Cada encontro com Ele, por meio da Sua Palavra e da oração, nos leva a uma nova altura, que por sua vez nos permite mergulhar mais fundo na intimidade com o Criador de todas as coisas. Quanto mais próximos ficamos de Deus no alto da comunhão do quarto secreto, mais profundo mergulhamos no Espírito Santo quando "descemos" para o nosso cotidiano, e mais capacitados por Ele somos de viver no dia a dia o que aprendemos lendo a Bíblia e orando na intimidade com o Pai.

Constância e Intimidade

Falaremos mais a fundo sobre as etapas da vida de Moisés e sobre o contexto no qual esse episódio ocorreu em outros capítulos, mas aqui quero chamar atenção para o relacionamento que ele tinha com o Senhor. Mesmo após inúmeras experiências de ouvir a voz do Deus e ver as Suas manifestações extraordinárias, Moisés pediu para ver a Sua glória. Ele sabia que havia mais. E como ele sabia? Consequência de um relacionamento constante e profundo com o Senhor, que resultava em intimidade. Quanto mais Moisés ouvia e via de Deus, mais Deus falava e mostrava a ele; e esse é um retrato da continuidade e da profundidade na relação que podemos ter com o nosso Criador. Já o pedido para ver a glória e o fato de Deus o atender da maneira que era possível naquele momento, é a expressão do como a intimidade com o Senhor pode fazer nossas vidas nunca mais serem as mesmas.

E se eu dissesse que o que esteve disponível para Moisés é só uma pequena parte, uma sombra do que está disponível para você? Isso é verdade, mas o fato de eu dizer não significa muito. Vamos prosseguir, pois mais à frente, veremos o que a Palavra de Deus diz sobre esse assunto.

Continuar ou Parar?

Quem nunca enfrentou momentos de cansaço e dúvidas na caminhada? Às vezes, a subida parece íngreme demais, enquanto o aparente silêncio de Deus soa ensurdecedor demais. Eu sei que nessas horas a tentação de parar é forte. Mas quem quiser ver o resplendor da glória de Deus, precisa continuar e jamais retroceder, assim como fazem os turistas que enfrentam a subida difícil e a noite escura para verem o esplendor do nascer do sol de cima da Pedra do Elefante.

Você deseja aprofundar-se nas suas próprias experiências extraordinárias com a Palavra e a glória de Deus, ou vai se contentar só com testemunhos dos outros? Você ficará satisfeito apenas vendo de longe os aventureiros chegarem ao topo da trilha, talvez assistindo a uns vídeos ou vendo umas fotos depois, ou quer ter sua própria experiência? A escolha está diante de você. E tenha certeza: o que lhe espera é infinitamente mais glorioso do que um nascer do sol em Itaipuaçu.

Você está disposto(a) a continuar subindo, mesmo quando o caminho se torna difícil? Está pronto(a) para prosseguir? Uma coisa é certa: a recompensa é bem maior do que o cansaço, as dificuldades e os temores da subida.

Olhe ali. Uma fenda na rocha! Parece esculpida sob medida. Deus a preparou só para você. É seu lugar reservado junto a Ele, em Cristo Jesus. Vamos até lá?

Capítulo 3 – A Fenda Feita Para Você

O avô da minha esposa, com muita dedicação, praticamente construiu nossa casa enquanto ainda estávamos noivos. Hoje, o Sr. Nelson já está com o Senhor, deixando-nos saudades e felizes lembranças. A propósito, se hoje eu consigo me virar com alguns serviços de construção civil, necessários para manutenções, consertos e instalações em casa e na igreja, tenho que agradecer a Deus pela benção de contar com os seus ensinamentos. Ele partiu para Cristo, mas deixou em mim e em minha esposa, Karol, muitas de suas lições valiosas de vida e habilidades com ferramentas.

Lembro de um dia em particular. O Sr. Nelson estava mexendo na fiação elétrica recém-instalada na casa ainda inacabada, e eu estava lá, não só observando, mas ajudando e aprendendo, pois graças a Deus, fiz de tudo naquela obra.

— Quer ajuda aí, Sr. Nelson? — Perguntei, olhando para os fios expostos saindo da caixa amarela que viria a ser o local de uma tomada. — Acho que o disjuntor está ligado lá fora. — Completei, tentando avisar que aqueles fios poderiam causar um choque elétrico.

— Só pega aquela fita vermelha ali, pra gente marcar qual é o positivo. — Respondeu ele, com toda calma do mundo e ignorando completamente meu aviso de que os fios estavam energizados. Como eu havia comprado a fiação em promoção, todos os fios eram da mesma cor: verdes. Por isso, era preciso identificar o positivo e o negativo em cada ponto de energia.

Arregalei os olhos, surpreso, mas tentando disfarçar.

— E a chave de teste? Quer que eu pegue também, Sr. Nelson? — Perguntei, pois ele já era idoso e eu ainda não sabia que ele fora eletricista prestador de serviços para a Marinha do Brasil por décadas.

Ele sorriu. — Hoje eu não trouxe não.

E antes que eu pudesse dizer qualquer coisa, o Sr. Nelson tocou os fios rapidamente com a ponta do dedo, um de cada vez, e eu quase dei um pulo para trás. Ele me olhou e riu.

— Tá com medo, senhô? O que dá choque é o positivo. Coloca a fita nesse aqui. — Ele disse, antes de me explicar a razão daquele tipo de rede permitir que ele fizesse aquilo.

Embora eu não recomende que ninguém tente isso, até hoje me pego sorrindo ao lembrar da cena. Por pouco não dei um pulo, mas logo percebi que ele sabia o que estava fazendo. Quase sempre que falo do Sr. Nelson, essa história é a primeira que conto. Agradeço a você por compartilhar comigo dessa lembrança tão especial.

Algo que também marcou muito aconteceu no dia em que ele estava instalando uma das janelas da casa. Não me lembro bem de qual cômodo era, mas do que ocorreu naquele dia eu também nunca vou esquecer. Sei que eu o ajudei a levantar a grande peça de madeira, para encaixar abaixo da pequena viga de concreto que ele colocara acima do buraco deixado nos tijolos e sobre a pedra de mármore que instalara na parte de baixo.

— Será que vai caber, Sr. Nelson? — Perguntei, meio desconfiado, olhando para a abertura e achando que ia ficar apertado demais.

Ele nem me olhou, apenas disse: — Ué, o lugar foi feito pra ela. Tem que caber, sô!

Quando encaixamos a janela no lugar, eu fiquei impressionado. Ela não só coube, mas entrou de forma tão perfeita, sem precisar ajustes, que as paredes e vigas pareciam ter sido construídas em volta da madeira.

— Viu? — ele disse, satisfeito. — Você faz tudo na medida certa e coloca. Problema resolvido!

Sobre a Rocha Firme

Há algo que precisamos fazer antes de chegarmos ao lugar preparado por Deus para nosso relacionamento diário, profundo e íntimo com Ele. Só é possível alcançarmos a fenda na rocha, onde conheceremos e contemplaremos maravilhas inexprimíveis e inesquecíveis, se antes estivermos sobre a rocha. Isso é lógico. Não é verdade? Assim como só posso entrar em minha casa se, antes, entrar no meu quintal. Não consigo me teletransportar para dentro do meu quarto. Se quiser chegar lá, tenho que passar pelo caminho até ele.

"Disse mais o Senhor: Eis aqui um lugar junto a mim; e tu estarás sobre a penha. Quando passar a minha glória, eu te porei numa fenda da penha e com a mão te cobrirei, até que eu tenha passado." (Êxodo 33:21-22)

A palavra *"penha"* significa *"rocha"*. Repare que antes de dizer a Moisés que o colocaria na fenda, Deus disse que ele deveria estar sobre a rocha. Ou seja, era responsabilidade de Moisés ir até a rocha e permanecer sobre ela, só então, Deus faria a parte dEle, colocando-o na fenda da rocha e passando com Sua glória. Aqui aprendemos que só há conhecimento de Deus, bem como relacionamento e experiências com Ele, se estivermos sobre a Rocha, que é a Sua Palavra. E Jesus é o Verbo, a Palavra viva de Deus. Portanto, só é possível qualquer relação com o Pai, se estivermos sobre a Rocha chamada Jesus Cristo e com os pés firmados nas Escrituras, como também aprendemos na parábola dos dois fundamentos, que encontramos em Mateus 7:24-27. Jesus não é o Caminho só para nos convertermos, Ele é o único Caminho para qualquer relação com Deus.

Nunca se esqueça: nenhuma experiência verdadeira com o Senhor contradirá o que Ele já revelou em Sua Palavra. Ninguém pode ver nada dessa glória, se não estiver alicerçado sobre a Rocha, sobre o que diz a Bíblia.

Estar sobre uma rocha simboliza mais do que estar em segurança; é estar firme em uma fundação inabalável. Ao buscar conhecer mais de Deus e de Sua glória, você inevitavelmente encontrará pessoas que afirmam falar em Nome dEle, até demonstrando sinais sobrenaturais, portanto, é primordial estar seguro e firme nas Escrituras, para não ser enganado por falsos ensinos e manifestações. As grandes experiências com Deus, que nos revelam Sua refulgente glória e nos transformam diariamente conforme a Imagem de Seu Filho Jesus Cristo, sempre brotam de um relacionamento profundo com Ele por meio da Bíblia e da oração.

A Fenda Pessoal

Após Moisés estar firme sobre a rocha, Deus o escondeu em uma fenda, uma abertura na pedra, para lhe revelar tudo que ele poderia suportar ver da Sua glória naquele momento. Essa fenda foi um lugar reservado e especial que Deus preparou só para Moisés. Um lugar de comunhão íntima, longe das distrações e reclamações do povo, onde ele contemplou o que ninguém mais entre os israelitas viu igual, pois o ângulo de visão daquela abertura na rocha era só para ele.

Esse lugar é pessoal. Cada um dos que estão em Cristo tem seu próprio espaço de intimidade com o Senhor, sua própria fenda na rocha, em uma posição que ninguém mais pode ocupar. Trata-se do nosso lugar particular de oração, meditação e comunhão. Isso não substitui a importância da congregação com os irmãos, pelo contrário, tal relacionamento individual é a base para a vida em comunidade da Igreja de Cristo, manifestada em cada culto e reunião, em cada igreja local. Imagine que você é como uma tocha. O combustível que você recebe nesse lugar particular faz o fogo por Cristo queimar ainda mais forte em você, e então, quando você se reúne com outros irmãos, as tochas se juntam, resultando em densas chamas queimando pelo Senhor nos cultos e reuniões na igreja. As tochas acesas devem se unir para queimar. As que estão com o fogo fraco, devem ser contagiadas, de modo que quando voltarem para suas rotinas, também passem a frequentar o lugar particular e tornem-se tochas bem acesas. Já as tochas apagadas, os não convertidos ou desviados, devem ouvir o Evangelho e também passarem a queimar, caso se arrependam de seus pecados e confiem em Cristo como Senhor e Salvador.

Mais Sobre Comunhão Individual e Coletiva

A experiência pessoal com Deus é imprescindível para cada cristão, mas ela não deve, em hipótese alguma, nos afastar da comunhão com outros irmãos. Isto é, ninguém é tão santo e cheio de Deus, que se ache tão melhor do que os outros, a ponto de não precisar congregar. Se houver um problema de saúde que limite seriamente a locomoção, se faltarem igrejas confiáveis por perto, ou se alguma outra situação específica justificável ocorrer, os cenários devem ser tratados como exceções especiais e observados caso a caso. Não caia na conversa desse movimento enganoso chamado de *"desigrejados"*, pois só interessa a satanás que você escolha deixar de ir à igreja e ache que está tudo certo. Precisei ressaltar isso aqui, pois como estou falando muito de relacionamento pessoal com Deus, não posso deixar que meu livro seja usado, de forma alguma, por disseminadores das trevas, que querem tirar você da comunhão na congregação dos santos.

As nossas experiências pessoais com Deus devem nos encorajar a buscar mais da presença dEle em unidade, como Corpo de Cristo. De acordo com o que vimos no exemplo das tochas, ao nos reunirmos como Igreja (Corpo de Cristo) na igreja (templo da organização religiosa), trazemos as chamas que foram acesas em nossas fendas pessoais para se unirem, incendiando a adoração coletiva.

O capítulo 6 de Oséias, do qual falamos bastante, também é um exemplo de individualidade e coletividade na comunhão com Deus. Por meio do profeta, o Senhor estava falando com a nação de Israel como um todo, mas a aplicação só funcionaria se cada israelita ouvisse aquelas palavras, olhando para si mesmo e seu próprio relacionamento com Deus. Assim como Israel foi conclamado a voltar ao Senhor e a conhecer e prosseguir em conhecê-lO, e isso deveria ser ouvido e obedecido por cada cidadão, no chamado de Deus à Igreja, cada um de nós também é convocado individualmente a ouvir e atender esse precioso convite para um relacionamento profundo e íntimo com Ele.

Você compreendeu como esse equilíbrio é importante e poderoso? Não podemos depender apenas de momentos na congregação ou só de nossa comunhão individual com Deus. As duas coisas são fundamentais biblicamente, e quando juntas, resultam em uma vida cristã vibrante e pulsante, refletindo a todos o brilho da glória de Deus. Eu não abriria mão disso de jeito nenhum. E você?

O Lugar Feito Para Você

Lembra dessas palavras do Sr. Nelson?

"...o lugar foi feito pra ela."

A janela se encaixou perfeitamente, pois o espaço na parede havia sido preparado sob medida para ela, assim como Deus preparou um lugar único junto a Ele só para você. Simples assim.

Ouça Deus lhe dizer: *"Eis aqui um lugar junto a mim."*

Deus preparou uma fenda na rocha junto a Ele com as suas medidas, só para você. Lugar único, reservado, onde Ele lhe espera todos os dias. Você tem ido a esses encontros com o Criador e Sustentador do Universo, para conhecer e experimentar verdades e vislumbres inenarráveis de glória, ou outras coisas têm sido mais importantes? Será que você realmente tem algo mais empolgante ou interessante para fazer? Eu duvido muito!

E então, está pronto(a) para entrar na fenda que Deus preparou especialmente para você? Acredite, o que Ele quer te mostrar é indescritível e estonteante!

"Tu, porém, quando orares, entra no teu quarto e, fechada a porta, orarás a teu Pai, que está em secreto; e teu Pai, que vê em secreto, te recompensará." (Mateus 6:6)

Lembrando do que falei no capítulo anterior, pergunto: e se eu lhe dissesse que tudo que Moisés viu não se compara com o que Deus quer mostrar a você? Difícil de acreditar? Vem e vê!

Capítulo 4 – Muito Mais

As chances eram mínimas. Um bebezinho de três meses em um cesto, deixado à deriva nas traiçoeiras águas do Rio Nilo. Uma criança indefesa, nascida em um tempo de perseguição, quando todos os meninos hebreus já vinham ao mundo condenados à morte. No entanto, o que parecia destinado a um fim trágico fazia parte de um plano divino para humilhar publicamente os poderosos humanos e principados das trevas de maneira sem precedentes. A criança está no cesto; o cesto no Nilo; mas o rio e todos os seus perigos obedecem à voz do Criador. O destino de Moisés estava seguro nas mãos soberanas de Deus.

O cesto onde Joquebede, em lágrimas silenciosas, colocou seu frágil bebê, flutuou até onde estavam algumas moças, às margens do rio.

"A irmã do menino ficou de longe, para ver o que ia acontecer com ele. A filha de Faraó desceu para se banhar no rio, e as moças que tinham vindo com ela passeavam pela margem. Quando ela viu o cesto no meio dos juncos, mandou que uma das criadas fosse buscá-lo. Abrindo o cesto, viu a criança; e eis que o menino chorava. Ela teve compaixão dele e disse: — Este é um menino dos hebreus. Então a irmã do menino perguntou à filha de Faraó: — Quer que eu vá chamar uma das hebreias para que sirva de ama e crie esta criança para a senhora? A filha de Faraó respondeu: — Vá. A moça foi e chamou a mãe do menino. Então a filha de Faraó disse à mulher: — Leve este menino e amamente-o para mim; eu

darei um salário para você. A mulher pegou o menino e o criou. Quando o menino já era grande, ela o levou à filha de Faraó, da qual ele passou a ser filho. Esta lhe deu o nome de Moisés e disse: — Porque das águas o tirei." (Êxodo 2:4-10)

A humilhação começou quando o Senhor devolveu o menino para que sua própria mãe o criasse, ensinando-lhe sobre o Deus de Abraão, Isaque e Jacó, e ainda recebendo um salário por isso. E o mais maravilhoso: o Senhor escondeu a criança que Faraó e os príncipes das trevas, disfarçados de deuses egípcios, queriam matar, no próprio palácio de Faraó, debaixo dos narizes dos demônios, que nada puderam fazer. Que tal glorificar a Deus agora mesmo, enquanto você lê? Eu estou fazendo isso enquanto escrevo!

Por décadas, Moisés viveu cercado por luxo, riqueza e ostentação, no coração do maior império do mundo. Ele era príncipe do Egito, no entanto, algo muito mais profundo gritava em seu interior. Ele fora criado por Joquebede e Anrão, seus pais, ao menos até os três anos de idade, talvez até por mais tempo. Portanto, ouvira sobre o Deus de Israel e sabia que não pertencia àquele ambiente do palácio, mas ao povo que era escravo naquela terra, os hebreus.

Um momento decisivo se aproximava. Com cerca de quarenta anos, ele escolheria abandonar o conforto e a glória humana do palácio para ficar ao lado do seu povo.

O príncipe sai para visitar seus irmãos. Um egípcio maltrata um hebreu. O príncipe deixa-se dominar pela ira, mata o opressor e esconde o corpo na areia. No dia seguinte, ele tenta apartar a briga de dois filhos de Israel, descobre que eles não demonstram simpatia por ele e não vão acobertá-lo no assassinato. Sua vida mudará para sempre.

O fugitivo se apressa pelo deserto. Já não parece nem um príncipe, nem um escravo. É apenas um homem fugindo, deixando tudo para trás. O que o esperava? O desconhecido, o isolamento. No entanto, o Deus que guiou aquele cesto pelo Nilo também guia a fuga pelo deserto. A humilhação pública de Faraó e das divindades demoníacas do Egito mal tinha começado. O Santo de Israel está no controle. Moisés não encontrará solidão; ele encontrará face a face o Único que nunca nos deixa sós.

A quietude do deserto o leva à Midiã, onde se casa e vive mais quarenta anos de uma vida pastoril e tranquila, bem diferente do que vivera no Egito e do que estava prestes a experimentar.

Em algum lugar na vastidão do deserto, um arbusto arde em chamas, mas estranhamente não é consumido. Curioso, um senhor de oitenta anos se aproxima. *"Moisés, Moisés"*, diz Aquele que tem a história nas mãos. *"Eis-me aqui"*, responde o ex-príncipe pastor, finalmente encontrando com o Deus que o transformaria no libertador dos filhos de Israel da escravidão no Egito.

Bebezinho filho de escravos, condenado a morte e lançado à deriva em um rio; adotado por uma princesa; príncipe do maior império da época; assassino fugitivo; marido e simples pastor de ovelhas anônimo no deserto; agora, o líder que conduziria milhões de hebreus para longe da escravidão, enfrentando o próprio Faraó e desafiando todas as divindades malignas do Egito.

Moisés viu cada praga que Deus enviou, uma a uma, quebrando o orgulho de Faraó e humilhando os deuses daquela nação idólatra. Viu Deus executar o plano de humilhação dos poderes humanos e potestades das trevas em cada uma das pragas. Uma coluna de fogo durante a noite e uma nuvem durante o dia. O Mar Vermelho se abre e milhões de pessoas passam como em terra seca, antes do mar fechar e dizimar os exércitos do Egito, que os perseguiam. Água brotando da rocha, alimento descendo do céu todos os dias. Conversas constantes com o Criador e Sustentador do Universo.

Quem poderia dizer que esse homem não viu, ouviu e viveu coisas extraordinárias e gloriosas? No entanto, ele desejava mais, ansiava por mais. Ele queria conhecer mais a fundo, contemplar toda a glória, queria ver a Deus. Sua boca expressou o clamor do seu coração: *"Então, ele disse: Rogo-te que me mostres a tua glória."* (Êxodo 33:18).

A resposta deve ter feito Moisés se alegrar, mas também sentir cada parte do seu ser estremecer: *"Farei passar toda a minha bondade diante de ti e te proclamarei o nome do Senhor; terei misericórdia de quem eu tiver misericórdia e me compadecerei de quem eu me compadecer. E acrescentou: Não me poderás ver a face, porquanto homem nenhum verá a minha face e viverá."* (Êxodo 33:19-20).

Sem dúvidas, foi extraordinário. O Senhor colocou aquele homem em uma fenda na rocha, cobriu-o com a mão e passou por ele. Moisés viu apenas uma parte da glória de Deus, depois dEle ter passado, tudo que era possível ver naquele momento e continuar vivo. A face de Deus ainda não poderia ser vista por homens. Contudo, o que Moisés contemplou naquele momento e depois, quando o Senhor escreveu com Seu próprio dedo os mandamentos nas tábuas de pedra, já foi o suficiente para deixar seu rosto brilhando de tal forma, que o povo temeu se aproximar dele.

Você consegue se colocar no lugar desse homem e imaginar tudo isso? Que experiências tremendas! Que disposição em não se contentar com o que já experimentara, mas ansiar por conhecer mais de Deus! Moisés desejou conhecer a plenitude da glória do Senhor disponível a um ser humano, mas o momento para isso ainda não havia chegado. Ele não tinha o que você tem.

Glória Plena

Segure-se bem. Prepare seu coração. Você crê que a Palavra de Deus é sempre verdadeira? Que ela jamais falha? Pois eis o que a Bíblia ensina: o que Moisés tanto desejou ver e que Deus lhe revelou apenas em parte, está agora plenamente disponível para nós em Jesus Cristo.

Já sabia disso? Então, exulte comigo! Glória a Deus!

Não sabia? Então, aprenda e exulte comigo também! Aleluia!

"No princípio era o Verbo, e o Verbo estava com Deus, e o Verbo era Deus... E o Verbo se fez carne e habitou entre nós, cheio de graça e de verdade, e vimos a sua glória, glória como do unigênito do Pai." (João 1:1,14).

As glórias que Moisés experimentou na fenda da rocha não eram mais que uma sombra pálida do que nos foi completamente revelado em Cristo Jesus. Há pouco mais de dois mil anos, Deus não mostrou apenas uma parte da Sua glória à humanidade; Ele veio a este mundo em carne e osso, habitou entre nós, caminhou com homens e mulheres, tocou vidas, curou enfermos, expulsou o mal, pregou o Evangelho do Reino, ensinou, sorriu, chorou, se entregou para morrer por nossos pecados, triunfou na cruz, ressuscitou, subiu aos Céus e revelou o Pai de uma forma jamais vista por ser humano algum.

Aquele que Moisés não pôde ver face a face, você e eu podemos conhecer olhos nos olhos. E que olhar! Seus olhos como chama de fogo penetram no mais fundo do nosso ser, para amar, transformar, restaurar, fortalecer e encorajar. O Deus que precisou proteger Moisés de Sua glória revelou-se plenamente a nós em Jesus Cristo. Você tem ideia de quão maravilhosa é essa verdade e de quão absurdo é quando preferimos dedicar o melhor de nós a este mundo, em vez de priorizar conhecer e prosseguir em conhecer a esse Deus, contemplando toda Sua glória?

Se você não está glorificando a Deus agora, talvez ainda não tenha compreendido a grandiosidade dessa verdade. A glória que Moisés ansiava ver e não viu na totalidade está ao seu alcance neste momento, onde quer que você esteja.

As perguntas são: Não há algo de errado quando achamos maravilhosas e gloriosas as experiências que Moisés viveu com Deus, ao mesmo tempo que repetidamente costumamos achar nossa vida cristã chata, monótona e desinteressante? Podemos conhecer e experimentar muito mais do que Moisés viu no Monte Sinai, mas, na prática, será que temos nos dedicado no relacionamento diário com Deus, em Sua Palavra e em oração, buscando conhecê-lO e prosseguir em conhecê-lO, como Moisés fez? Ele podia ver só um relance, um vislumbre, e buscou isso de todo coração diariamente, e nós, que podemos ver a plenitude em Cristo, que tipo de prioridade damos para buscar isso?

Nas respostas a essas perguntas estão as razões de haver tantos cristãos no Brasil e no mundo, mas tão poucos focos de avivamento bíblico em nossos dias.

Experiência Pessoal e Íntima

Não importa o que tenha acontecido e como tenha sido sua vida com Deus até aqui, creio que o fato de ler este livro já mostra que você tem ao menos um desejo de ir além, pois sabe que há muito mais para ver e conhecer. Mas você está mesmo disposto a buscar tão intensamente quanto Moisés? Será que realmente tem um semelhante desejo ardente de ver mais da glória do Senhor, revelada em Jesus e disponível para você hoje? Deus te chama a não apenas ouvir sobre Suas maravilhas ou a ler sobre as experiências de outros. Ele quer você sobre a Rocha, na sua fenda particular, dia após dia, para lhe revelar coisas tremendas, de um ângulo que só você pode ver, para que você depois leve ao mundo o testemunho de Jesus, não apenas com palavras ou religiosidade vazias, mas incendiado pelo fogo do Espírito Santo.

Jesus, ao morrer na cruz, rasgou o véu que separava o homem da presença de Deus. O caminho foi aberto. O convite já foi feito. O Evangelho está posto. Agora, não há mais barreiras que te impeçam de se aproximar do Trono da Graça, entrando com ousadia no Santo do Santos, pelo novo e vivo Caminho, pelo Sangue de Jesus, nosso Eterno Sumo Sacerdote, onde podemos ver sem impedimento algum a beleza da glória de Deus.

Mas isso exige dedicação ao relacionamento diário. Profundidade. Intimidade. *"Vinde, e tornemos ao Senhor..."* e *"conheçamos e prossigamos em conhecer ao Senhor"* continuam a ecoar. Deus está lhe chamando.

O que você fará com esse convite? Como responderá? Será que você está disposto a buscar uma comunhão tão profunda com Deus, de modo que Sua glória se torne evidente em sua vida, lhe transformando a cada dia, para servir de testemunho a todos que estiverem a sua volta?

Junte-se a mim nesta jornada rumo ao coração de Deus. O caminho que seguiremos será marcado por experiências que desafiarão sua alma a mergulhar nas águas profundas da intimidade com o Criador. Mas prepare-se, pois o que Ele reserva nessas profundidades vai muito além do que você pode imaginar.

Capítulo 5 – Quem é Jesus de Nazaré?

Meus filhos, João Gabriel, de dezessete anos, e Davi, de nove, cresceram em um lar onde a Palavra de Deus e a fé cristã sempre estiveram presentes em cada momento da vida familiar. Desde pequenos, assistiam aos cultos, cantavam louvores, e participavam das orações em família. Agora mesmo, eles estavam aqui na sala onde escrevo, dividindo um pacote de rosquinhas de chocolate. Uma cena simples, que me enche de gratidão pela presença de Deus em nossas vidas. Inclusive, experimentei duas rosquinhas junto com eles. Estavam deliciosas!

Desde muito cedo, quando ainda mal sabiam falar, eles já reconheciam Jesus como o Filho de Deus que morreu na cruz e ressuscitou para nos salvar. A Palavra do Senhor e a vida cristã sempre fizeram parte de suas vidas, mas em torno da mesma faixa etária, entre 7 e 9 anos, ambos me fizeram a mesma pergunta, cada um à sua maneira, em ocasiões diferentes, mas a essência era: "Papai, Jesus é Deus? Como assim? Tipo, Deus mesmo? Achei que Ele era o Filho de Deus..."

Essa é uma daquelas perguntas que, embora pareça simples, carrega uma profundidade imensa e é muito mais comum do que podemos imaginar. Muitos cristãos sabem a resposta, mas não compreendem a magnitude dela. Há cerca de dez anos, foi o momento de explicar ao João, e há pouco tempo, ao Davi, que

Jesus ser o Filho de Deus não O impede de ser também o próprio Deus. Essa verdade magnífica e profunda torna-se ainda mais bela quando entendida pela fé, e nos faz mergulhar em um oceano de adoração e glória. Quando isso ilumina nossas mentes e corações, uma explosão da Luz de Cristo brilha diante de nossos olhos e um Fogo Santo queima no mais profundo de nosso ser.

Tudo que Ele é: Deus!

Se você alcançar pela fé e viver a profundidade dessa verdade de que Jesus é Deus, sua vida espiritual pode ser transformada completamente a partir de agora. Entenda: não é apenas saber e acreditar que Cristo é Deus, isso todo cristão faz, caso contrário, não seria cristão, mas é mergulhar na profundidade dessa realidade, deixando que tal verdade mude completamente o seu relacionamento com o Senhor.

O mesmo Jesus de Nazaré que andou entre nós é o Deus que falou com Moisés através da sarça ardente, que libertou o povo de Israel do Egito, que abriu o Mar Vermelho, que os guiou pelo deserto, que se manifestou no Monte Sinai e que os levou para conquistar a Terra Prometida. Esse mesmo Jesus, antes de se fazer carne e habitar entre nós, estava presente na criação de todas as coisas, como o Espírito Santo inspirou o Apóstolo João a escrever: *"No princípio era o Verbo, e o Verbo estava com Deus, e o Verbo era Deus"* (João 1:1).

Jesus é o Verbo, ou *"Logos"*, um termo grego que significa tanto *"palavra"* quanto *"razão"*. Esse conceito vai além de uma simples tradução; ele expressa que Cristo é a manifestação plena de Deus. Nesse texto que lemos de João 1:1, a Bíblia ensina claramente que Jesus sempre existiu e sempre foi Deus. Quando o Senhor fala, Cristo obrigatoriamente está ali, porque Ele é o Verbo. Você se lembra quando Deus falou com Moisés no Sinai? Jesus, o Logos, a Palavra, estava lá, trazendo a Verdade de Deus. Negar que Jesus é Deus é rejeitá-lO por completo. Ele é a plenitude do Eterno que veio em carne a este mundo, a própria essência do Deus vivo entre nós, não um anjo, não um ente abaixo do Pai, tampouco um ser divino criado. Jesus é o Eterno Criador. No episódio da sarça ardente, a Pessoa do Pai se expressa no Trono, a Pessoa do Filho é a voz que Moisés ouve, com todo o peso da Verdade de tudo que Deus diz, e a Pessoa do Espírito Santo, que também é Deus, é Quem faz o arbusto pegar fogo e não ser consumido. Falaremos mais à frente sobre a Trindade e seus mistérios, que podem trazer uma nova dimensão do poder de Deus sobre a sua vida, mas eu precisava citar isso aqui para que você entendesse a profundidade dessa verdade: JESUS CRISTO É O ETERNO CRIADOR!

Não é maravilhoso perceber, pela fé, que a mesma Voz que guiou Moisés, se fez carne para nos trazer salvação, mesmo quando não merecíamos? E não foi apenas com Moisés. Pegue sua Bíblia. Vá em frente, eu espero. Já está aí com você ou no aplicativo? Olhe para ela e repita comigo agora, em voz alta: Sempre que Deus fala qualquer coisa, Jesus está presente. Ele é a Verdade! Ele é a Palavra da Verdade! Ele é a Palavra de Deus! Ele é Deus! Aleluia!

Incomparável

Diante do fato que o próprio Deus veio ao nosso encontro e sofreu na cruz por nós, será que é aceitável que tenhamos um relacionamento morno com Ele, entregando o resto do nosso tempo e de nossas prioridades para conhecê-lO e prosseguir em conhecê-lO? Acho que não. Concorda?

Quando lemos a Bíblia, oramos, louvamos e adoramos, seja na nossa fenda da rocha particular ou reunidos com os irmãos na igreja, não estamos apenas nos relacionando com alguém distante, mas com o Deus que nos amou a ponto de vir a este mundo mau e sofrer uma morte torturante para carregar sobre Si os nossos pecados.

Ele é incomparável! Em nenhuma outra religião, na história da humanidade, uma divindade maior sofre nas mãos dos próprios seguidores para pagar por seus erros e salvá-los. Isso não existe nem na mais fértil imaginação humana ou das trevas, pois só pode vir do Único Deus verdadeiro.

Vamos mais fundo? Vem comigo!

Ainda no Evangelho de João, a Palavra de Deus enfatiza que *"o Verbo se fez carne e habitou entre nós, cheio de graça e de verdade, e vimos a sua glória"* (João 1:14). Quanta profundidade de revelação em uma pequena frase! Temos aqui a ligação do Deus que se torna cem por cento homem, sem deixar de ser cem por cento Deus, como Palavra que transborda Verdade e Graça, com o fato de que nEle vemos a Sua glória, ou seja, toda glória que Deus pode comunicar ao ser humano (visto que Ele é o Verbo e a Verdade) está em Jesus, o Cristo. Essa é uma referência direta e extraordinária à glória de Deus, que antes estava coberta em tudo no Antigo Testamento, mas que agora foi revelada plenamente no Deus que se fez homem, Jesus de Nazaré.

Se eu dissesse que tudo o que Moisés viu parcialmente no Monte Sinai está agora acessível a nós em Cristo, já seria uma declaração ousada e impactante. Mas respaldado pelas Escrituras, nós podemos dizer juntos: Tudo que Moisés e todos os outros heróis da fé do Antigo Testamento viram e conheceram de Deus e Sua glória não passa de sombras do que está disponível aos que estão em Cristo Jesus! Não vemos mais apenas Suas costas, após haver passado, como foi no Sinai, pois podemos ter o rosto descoberto e vê-lO face a face ao olharmos para Jesus Cristo.

Leia que o Bíblia diz sobre isso em 2 Coríntios 3:7-18:

"O ministério que trouxe a morte foi gravado com letras em pedras; mas esse ministério veio com tal glória que os israelitas não podiam fixar os olhos na face de Moisés por causa do resplendor do seu rosto, ainda que desvanecente. Não será o ministério do Espírito ainda muito mais glorioso? Se era glorioso o ministério que trouxe condenação, quanto mais glorioso será o ministério que produz justiça! Pois o que outrora foi glorioso, agora não tem glória, em comparação com a glória insuperável. E se o que estava se desvanecendo se manifestou com glória, quanto maior será a glória do que permanece! Portanto, visto que temos tal esperança, mostramos muita confiança. Não somos como Moisés, que colocava um véu sobre a face para que os israelitas não contemplassem o resplendor que se desvanecia. Na verdade as mentes deles se fecharam, pois até hoje o mesmo véu permanece quando é lida a antiga aliança. Não foi retirado, porque é somente em Cristo que ele é removido. De fato, até o dia de hoje, quando Moisés é lido, um véu cobre os seus corações. Mas quando alguém se converte ao Senhor, o véu é retirado. Ora, o Senhor é o Espírito e, onde está o Espírito do Senhor, ali há liberdade. E todos nós, que com a face descoberta contemplamos a glória do Senhor, segundo a sua imagem estamos sendo transformados com glória cada vez maior, a qual vem do Senhor, que é o Espírito."

Na Prática, Como Isso Impacta Sua Vida?

Compreender que Jesus é o próprio Deus deve transformar radicalmente a nossa maneira de viver. Não se trata de uma verdade teórica ou distante, mas de uma realidade que deve moldar cada aspecto do nosso cotidiano, desde as decisões que tomamos até as maneiras como lidamos com nossas dificuldades. Não podemos mais olhar para Ele apenas como o Filho de Deus que morreu por nossos pecados. Embora isso seja verdade, Ele também é o Senhor Soberano de tudo, e isso deve mudar a maneira como nos relacionamos com Ele. Quando você passa por dificuldades, por exemplo, como doenças, perdas ou crises familiares, faz toda diferença ter a certeza de que Aquele que está no controle de tudo, que criou todo Universo, é o mesmo que se fez carne e conhece suas fraquezas e dificuldades. Veja só:

"Porque não temos sumo sacerdote que não possa compadecer-se das nossas fraquezas; antes, foi ele tentado em todas as coisas, à nossa semelhança, mas sem pecado. Acheguemo-nos, portanto, confiadamente, junto ao trono da graça, a fim de recebermos misericórdia e acharmos graça para socorro em ocasião oportuna." (Hebreus 4:15-16)

Falaremos mais sobre esse e outros textos de Hebreus nos próximos capítulos, mas por agora, receba a Paz que vem de saber que o seu Sumo Sacerdote compreende suas dores e intercede por você.

Você consegue encontrar um lugar quieto e reservado agora? Se não puder, consegue fechar os olhos por um instante, aí mesmo onde está? Vamos lá, tente fazer isso. É muito importante. Ao fechar os olhos, imagine-se quando você era criança, cheio de curiosidade sincera e inocência. Agora, imagine-se como meus filhos João e Davi, fazendo essa pergunta: "Mas Jesus é Deus mesmo?" A resposta você já sabe, mas imagine o impacto dessa verdade em um coração de criança.

"E Jesus, chamando uma criança, colocou-a no meio deles. E disse: Em verdade vos digo que, se não vos converterdes e não vos tornardes como crianças, de modo algum entrareis no reino dos céus." (Mateus 18:2-3)

Essa verdade se torna ainda mais clara quando Tomé, após a ressurreição, toca as marcas das feridas de Jesus e O reconhece como *"meu Senhor e meu Deus!"* (João 20:28). Cristo não apenas aceita essa declaração, mas a afirma, deixando claro que Ele é, de fato, o Deus Todo Poderoso. *"Disse-lhe Jesus: Porque me viste, creste? Bem-aventurados os que não viram e creram."* (João 20:29).

Todas os dias, a partir de hoje, separe um instante para pedir ao Pai que o Espírito Santo, sempre conforme as Escrituras, te revele Jesus como o próprio Deus. Anote isso, se precisar, para que não esqueça de incluir esse pedido em suas orações. É certo que você nunca mais verá o Senhor Jesus com os mesmos olhos e isso impactará sua vida de relacionamento e intimidade com Deus de maneira que você não pode imaginar. Vou aguardar você compartilhar sua experiência comigo pelo Direct no Instagram. Me esforço para ler todas as mensagens. Quem sabe não publico seu testemunho e milhares de irmãos são edificados, para glória de Deus.

Oro ao Senhor para que você entenda que não basta saber de algo bíblico. Um grande ponto de virada na caminhada dos cristãos é quando eles começam a olhar para as verdades da Palavra de Deus e realmente crer nelas, de todo coração, de modo que se tornem realidade em suas orações e na maneira que vivem e enxergam todas as coisas. Se você sempre soube que Jesus é Deus, mas nunca parou para pensar profundamente sobre o significado disso, tenho certeza que a forma como você O vê e O adora nunca mais será como antes.

EU SOU

Voltemos ao pastor no deserto de Midiã vendo uma sarça ardendo e não se consumindo. Moisés tira as sandálias dos pés e se aproxima. Quando perguntado pelo Seu Nome, o Senhor diz: *"EU SOU O QUE SOU. Disse mais: Assim dirás aos filhos de Israel: EU SOU me enviou a vós."* (Êxodo 3:14).

Mais de mil anos depois, Jesus é confrontado pelos líderes religiosos, que questionam Sua autoridade. Em resposta, Ele declara: *"Antes que Abraão existisse, Eu Sou."* (João 8:58). Essa afirmação não só choca Seus ouvintes, mas também revela que Ele é o mesmo Deus Eterno que falara com Moisés, encarnado para trazer redenção a todos que creem em Seu Evangelho.

Quando meus filhos me perguntaram se Jesus era Deus, não se tratava apenas de curiosidade. Meus dois meninos, com os olhos brilhando de surpresa e reverência, ouviram atentamente enquanto eu lhes explicava tudo isso que você acabou de ler numa linguagem mais apropriada para suas idades. Claramente algo mudou neles e em seus relacionamentos com Deus. Até a forma de falarem de Jesus se tornou mais reverente e carregada de um tom de adoração.

Seja como criança para receber essa verdade. Permita que esse conhecimento intelectual, pela fé, se aprofunde e encha seu coração e mente. Tenho certeza que você nunca mais lerá o Novo Testamento da mesma forma.

E agora, você está preparado para continuar indo mais fundo? Sabia que toda a Bíblia, do Gênesis ao Apocalipse, aponta para Ele? Cada página das Escrituras, cada história em seu contexto, revela Jesus. É tudo sobre Ele! Vamos juntos ver alguns exemplos extraordinários disso?

Capítulo 6 – Tudo Sobre Ele

Um dispositivo aparentemente simples pode fazer a diferença entre a vida e a morte em lugares vastos e perigosos, como mares, florestas densas e desertos. Esse é o poder da bússola. Não importa onde você esteja no mundo, a agulha magnética deste pequeno aparelho sempre indicará o norte. Muito mais do que um simples instrumento, a bússola simboliza orientação e descoberta, garantindo segurança e firmeza nas decisões que um viajante ou aventureiro precisa tomar. Essa orientação permite que a jornada se encha de possibilidades, abrindo trilhas para explorar novos lugares com a certeza de saber o caminho de volta à segurança. Este artefato simples, que utiliza o campo magnético da Terra para apontar sempre para a mesma direção, mudou o curso da história.

Não importa o quanto você se mova ou tente girar, a agulha continua apontando para o norte. A Bíblia também é assim. Ela guia os perdidos, traz segurança em nossa jornada nesta vida, nos ensina a retornar ao caminho correto quando nos perdemos, e independentemente das direções que as circunstâncias tentem nos forçar a seguir ou dos ataques à Sua Verdade, a Bíblia sempre aponta para o mesmo lugar: Jesus Cristo. Cada página, parágrafo, frase, palavra e letra das Escrituras, em seu contexto, é sobre Ele.

De Gênesis a Apocalipse, Jesus é o norte para o qual a Palavra de Deus sempre aponta. Se você identificá-lO e seguí-lO, jamais será enganado, nunca ficará perdido e não deixará de caminhar com a certeza de estar na direção certa. Em cada livro, cada história, cada símbolo, a figura de Cristo está presente, mesmo que ainda não de forma totalmente clara, sobretudo no Antigo Testamento. No entanto, mesmo o Antigo Testamento todo é sobre Ele, Jesus Cristo, o Deus Filho encarnado, o Verbo Eterno, a Palavra viva de Deus. No Novo Testamento, temos a revelação, na plenitude dos tempos, do cumprimento do que sempre foi o plano do Criador: se fazer carne, habitar entre nós, cumprir Sua Justiça e as Escrituras, e nos reconciliar consigo mesmo, fazendo-nos não mais Seus inimigos, por conta de nossos pecados, mas seus filhos, por meio da Graça do Evangelho do Reino.

Depois de sermos impactados pela verdade de que Jesus é o Eterno Criador, neste capítulo, você aprenderá a identificar Cristo em toda a Bíblia, o que pode te levar a experiências inimagináveis em sua fenda da rocha particular. É evidente que não conseguirei abordar tudo que aponta para Jesus nas Escrituras, pois, para isso, eu precisaria publicar uma enciclopédia de dezenas de volumes. Contudo, creio que posso lhe ensinar a treinar, com a ajuda do Espírito Santo, para identificar o Senhor Jesus em cada texto sagrado, conforme seu contexto. Vem comigo? E não esqueça sua Bíblia, pois é muito importante que você sempre leia por si mesmo e confira se tudo que eu digo realmente é conforme o que nela está escrito.

O Centro da Nossa Redenção

Muitos supõem que o plano de salvação foi uma solução emergencial, como se Deus tivesse sido pego de surpresa pela queda no Éden e precisasse encontrar um meio de salvar o ser humano perdido. Não! A Bíblia diz em Apocalipse 13:8 que o Cordeiro *"foi morto desde a fundação do mundo"*. Portanto, mesmo antes da queda no Éden, tudo já apontava para Cristo. A promessa de redenção feita a Adão e Eva sobre a descendência que esmagaria a cabeça da serpente, que lemos em Gênesis 3:15, é a primeira profecia messiânica, apontando diretamente para Jesus. O animal que precisou morrer, para que Deus cobrisse a nudez deles, representa o sacrifício do Cordeiro de Deus, como lemos em Gênesis 3:21. E assim ocorre em toda a Bíblia, do primeiro ao último versículo. Jesus é o ponto para o qual a Palavra sempre aponta. Não importa por qual ângulo e de que maneira você a leia, a agulha sempre aponta para o norte, o Verbo de Deus.

E ainda falando do plano de redenção, temos, entre inúmeros outros eventos e símbolos, o sacrifício de Abel, a Arca de Noé, o Cordeiro do sacrifício de Abraão com Isaque, o Cordeiro da Páscoa, a libertação do povo de Israel do Egito, o Pão do Céu (Maná), A Serpente de bronze no deserto, Josué liderando o povo até a Terra Prometida, a instituição do Tabernáculo e do sistema de sacrifícios posteriormente aplicado no Templo de Salomão, Jó e o Redentor que se levantará sobre a terra, Sansão, Davi e Golias, Rute e Boaz, Jonas no ventre do grande peixe, o Quarto Homem na fornalha, e por aí vai… Todos esses eventos e símbolos apontam para o sacrifício perfeito de Jesus, o Cordeiro de Deus que tira o pecado do mundo.

Não Apenas um Papel Importante

Jesus não ocupa apenas um papel essencial em toda a Bíblia; Ele é o próprio fundamento sobre O qual as Escrituras se sustentam. Elas só são a Palavra de Deus porque Jesus, o Verbo Vivo e Eterno, é o centro de cada página e o garantidor de que elas dizem toda a verdade sobre tudo.

Mas, pastor, por que entender isso é tão importante? Pense comigo: se a plenitude da glória de Deus que o ser humano pode conhecer nesta vida está revelada em Cristo, como podemos contemplar cada vez mais dessa glória? Exato! Conhecendo mais a Cristo! E como conhecemos mais a Ele? Por meio da Palavra de Deus. Portanto, quanto mais identificarmos Jesus em cada história e símbolo da Bíblia, mais o Espírito Santo nos revela da infinita glória de Deus. Embora experiências sobrenaturais com o Senhor existam e sejam maravilhosas, o fundamento inabalável é sempre a Palavra, de modo que qualquer dom ou milagre só é válido e vindo de Deus, se estiver de acordo com as Escrituras, que por sua vez apontam o tempo inteiro para Jesus Cristo.

Considere outros dois exemplos: Ele é a Rocha ferida que deu água a Israel no deserto, conforme Paulo menciona em 1 Coríntios 10:4; e Cristo também é a Escada de Jacó, que faz a ligação do Céu com a terra, representando o relacionamento de paz entre Deus e os homens, que fora perdido no Éden, mas restaurado pela obra de redenção na cruz do Calvário.

E é vital que ressaltemos o que o próprio Jesus, depois de ressuscitar, disse sobre isso aos discípulos no caminho de Emaús: *"E começando por Moisés e todos os profetas, explicou-lhes o que constava a respeito dele em todas as Escrituras"* (Lucas 24:27).

E na Prática?

Se você simplesmente leu isso como mais uma informação, sem permitir que o Espírito Santo iluminasse seu coração, em pouco tempo esquecerá e sua vida continuará a mesma. Mas se o Espírito de Deus, pela fé, abrir seu entendimento, a verdade de que toda a Bíblia aponta para Cristo mudará completamente a maneira como você se relaciona com as Escrituras. Você já sentiu aquela sensação de obrigação ao ler? Aquele pensamento insistente de que ler a Palavra não é tão interessante quanto outras coisas que você tem para fazer? Aquele absurdo desânimo para ir às Escrituras, como se fossem monótonas e chatas, enquanto um monte de outras coisas fúteis neste mundo te animam e parecem muito empolgantes? Pois bem, tudo isso vai desaparecer, pois você receberá, como um tiro de canhão celestial no coração, o anseio por conhecer e prosseguir em conhecer ao Senhor, por meio de Cristo na Palavra, onde estão escondidos todos os mistérios celestiais.

Nunca mais leia as narrativas bíblicas como se fossem histórias isoladas. Todas estão conectadas ao plano redentor de Deus, e Jesus é o centro desse plano. Assim, cada vez que abrir sua Bíblia, pergunte a si mesmo: "De que maneira este texto aponta para Cristo? Como posso enxergá-lO aqui, para ver e conhecer mais da estonteante glória do Senhor, que nem mesmo Moisés pôde contemplar totalmente?"

Se tudo aponta para Cristo na Palavra, que é perfeita, então, nossa vida também deve apontar para Ele. Assim como uma bússola sempre indica o norte, as Escrituras sempre indicam a Cristo; e assim como um viajante precisa seguir a orientação da bússola para chegar ao destino e não se perder, nossas ações, decisões e prioridades devem seguir a Cristo, para que andemos em Sua Luz e glorifiquemos a Deus com nosso viver. Ele é nossa referência eterna e o ponto de convergência de tudo. Não há outro centro. Ele é o eixo da nossa existência, da história e das Escrituras. E como somos Seus discípulos, essa realidade precisa estar evidente em nosso cotidiano.

"Aquele que diz que permanece nele, esse deve também andar assim como ele andou." (1 João 2:6)

Sua Bússola

Se você não tiver uma bússola física por perto, seu celular pode servir como uma alternativa prática. Existem aplicativos de bússola gratuitos que você pode baixar agora mesmo. É sério. Vai lá. Baixa esse aplicativo e pegue sua Bíblia (ou abra a sua Bíblia digital). Eu espero aqui. Você não vai se arrepender. Prometo.

Com o aplicativo da bússola aberto, gire em todas as direções. Observe como a seta que aponta para o norte nunca falha, não importa para onde você vá. Agora, abra sua Bíblia, sabendo que em cada página, Cristo é revelado, assim como o norte é indicado na bússola. Do mesmo jeito que esse aplicativo está sempre em movimento e apontando para o norte, não importando para onde você se mova, você pode ler a Palavra de Deus em qualquer livro, usando qualquer plano de leitura, em qualquer estudo, sob qualquer perspectiva, e ela sempre se moverá apontando para Cristo. Então, a partir de agora, quando se achar desanimado para ler a Palavra, abra esse aplicativo de bússola e deixe o Espírito Santo queimar em seu coração para te lembrar o quanto das maravilhas da glória de Deus estão te esperando no norte da Bíblia, que é Jesus Cristo.

Jornada

É importante relembrar aqui que no primeiro livro desta trilogia, falei sobre aqueles que estão dentro da igreja (instituição religiosa), mas longe de Deus. A intenção era de ajudar os que assim estão, auxiliar os que precisam aconselhar e acompanhar espiritualmente pessoas nessa situação, e também servir de alerta, para que os que estão de pé, não passem pela mornidão e acabem caindo nesse cenário. Já aqui, estou me dirigindo aos que estão dentro da igreja (instituição religiosa), sendo a Igreja (Corpo de Cristo que se reúne em assembleia e comunhão). Você percebe que é como uma jornada? Antes, distantes, mesmo estando fisicamente dentro de uma igreja. Agora, somos chamados a não apenas fazer parte do Corpo de Cristo, mas também a ansiar por conhecer mais dEle, ver Sua glória, ir mais alto, mergulhar mais fundo, contemplar a beleza da Sua santidade e viver as extraordinárias experiências com Deus que só aqueles que têm intimidade com Ele costumam experimentar.

Ser Igreja é ser parte do Corpo de Cristo, que deve refletir Sua glória em todas as áreas da vida, e isso só é possível quando compreendemos, pela fé, a centralidade de Jesus nas Escrituras, e vivemos tendo-O como centro de tudo em nosso cotidiano. Nossa vida não é sobre nós. É sobre Ele e para Ele. Aleluia!

Se você tem vivido uma fé superficial, vai se contentar com isso? E mesmo se não é seu caso, vai ignorar o convite do Senhor para um relacionamento mais íntimo e profundo com Ele? Será que você vai se afastar do Sinai e deixar sua fenda na rocha deserta?

Você não é a Palavra de Deus, mas foi chamado para refletir Cristo em tudo o que faz, de modo que outros possam vê-lO por meio da sua vida. Muitos nunca lerão a Bíblia ou ouvirão uma pregação por conta própria. Você pode ser o único testemunho de Jesus que eles terão. Deus quer usar você para alcançá-los. Nunca se esqueça disso.

E falando em jornada, que tal avançarmos ainda mais? O véu foi rasgado de alto a baixo de uma vez por todas. Agora, o acesso ao Santíssimo está livre para todos os que estão em Cristo. O lugar que antes era inacessível, agora está aberto diante de nós. Nada mais pode nos impedir. Vamos juntos, sem medo e com ousadia, adentrar ao Santo dos Santos, onde a glória de Deus nos espera?

Capítulo 7 – Santíssimo

Imagine-se em uma tarde abafada de domingo, sentado à mesa de uma cafeteria. Ao olhar o movimento na rua e em outras lojas da galeria comercial, algo desperta sua atenção.

Uma mulher, visivelmente desesperada, discute com o caixa de uma farmácia próxima. Seus gestos nervosos e o tom de sua voz carregam um grande peso de urgência, como se algo vital estivesse em jogo. Você não consegue ouvir tudo claramente, mas algumas frases se destacam:

— Mas eu preciso agora, moço! Por favor, é urgente! Minha filha precisa desse remédio, é só uma criança!

A cena mexe profundamente com suas emoções, despertando um impulso quase irresistível de fazer alguma coisa. A urgência faz você esquecer a bebida pela metade, se levantar e ir na direção da farmácia.

Você se aproxima do balcão e ouve a explicação do atendente:

— Senhora, me desculpe, mas este tipo de medicamento controlado não pode ser liberado hoje. O farmacêutico precisa estar aqui para que possamos vendê-lo, e ele já foi embora.

O desespero toma conta da mulher, que quase desmorona diante do balcão.

— Mas, por favor, é pra minha filha! Ela precisa desse remédio agora! Não pode esperar até amanhã…

Você observa em silêncio, mas o desespero daquela mãe acelera seu coração, fazendo-o lutar com o impulso de intervir. Afinal, você também sabe o que é precisar de algo vital e ser impedido de tê-lo.

Sem pensar muito, você se aproxima da mulher.

— Será que eu posso ajudar? — Ela olha em sua direção, à beira das lágrimas.

O atendente balança a cabeça negativamente.

— Não tem o que fazer, a farmácia tem regras e o farmacêutico é o único que pode liberar esse tipo de medicamente controlado.

Você percebe a injustiça da situação e se compadece da dor daquela mãe. O remédio está a poucos metros de distância, mas trancado em um armário, inacessível. O rapaz olha para a mulher novamente, agora segurando um telefone, tentando contato com o gerente, mas sem sucesso.

O cenário mexe com você. "A vida é cheia de portas trancadas para tanta gente que precisa de soluções fora de seu alcance", você reflete. Quantas vezes você mesmo não se sentiu assim em alguma situação, tão perto do que precisava, mas sem meios de alcançar?

Pense um pouco e lembre de algum momento na sua vida, quando você teve essa sensação de impotência diante de uma situação de emergência. Pode ter sido na sua saúde ou na de alguém que você ama, em necessidades financeiras, familiares, emocionais, etc. O certo é que todos passamos por situações em que dizemos a nós mesmos: "Não tem mais o que fazer. Sozinho, não posso alcançar a solução pra isso".

De volta à cena, você vê a mulher desabar no chão da farmácia, vencida pela sensação de impotência diante do tempo se esgotando para ajudar a filha.

Mas quando se prepara para agachar e amparar a mãe desolada, você lembra que viu um homem de jaleco branco entrar na cafeteria e ir até uma mesa no fundo, logo depois que fez seu pedido. Então, sob o olhar assustado do atendente, sem hesitar, você sai correndo porta afora.

— Esperem aí, acho que posso ajudar! — Você grita, já do lado de fora.

Se aquele homem é a pessoa certa, você não tem ideia, mas sabe que precisa tentar. E sim! É o farmacêutico! Ele é extremamente prestativo e aceita voltar com você à farmácia.

Algum tempo depois, ao ver a mulher sair com o remédio nas mãos e lágrimas de alívio escorrendo pelo rosto, você se sente muito feliz e agradece a Deus por ter conseguido ajudar no desespero daquela mãe.

Ao sair e olhar para a cafeteria, você vê sua bebida pela metade ainda em cima da mesa, e carregando um leve sorriso no rosto, segue para casa.

O Acesso

Você provavelmente já ouviu falar ou leu sobre o Santo dos Santos, seja em pregações, louvores ou em sua leitura bíblica. Durante muitos séculos, o véu que separava o Lugar Santo do Santo dos Santos, no Tabernáculo e posteriormente no Templo, era um símbolo claro da distância que a queda causou entre Deus e a humanidade. Somente o sumo sacerdote, uma vez por ano, tinha permissão para atravessar aquele véu e entrar na presença de Deus, e mesmo assim, mediante sacrifício de sangue para expiação dos pecados.

O véu representava uma barreira sólida e intransponível, um abismo que o pecado impôs entre o homem e seu Criador. Os sacrifícios de animais ofereciam uma cobertura simbólica e temporária para o pecado, mas nunca acesso direto a Deus, *"porque é impossível que o sangue de touros e de bodes remova pecados."* (Hebreus 10:4)

Mas Deus colocou Seu Plano eterno em ação e algo extraordinário aconteceu. No momento em que Jesus deu Seu último suspiro na cruz, o véu do Santuário se rasgou de alto a baixo. E isso não foi uma referência apenas espiritual. O espesso e pesado véu físico do Templo foi rasgado de cima para baixo, representando que aquilo era algo que vinha do alto, como favor imerecido partindo de Deus para todos os que crerem no Evangelho. Dessa forma, o acesso ao Santo dos Santos, ao Trono da Graça, ao relacionamento direto com Deus, foi finalmente liberado. Jesus, o Cordeiro de Deus, não apenas cobriu nossos pecados com Seu sangue; Ele os removeu por completo. Toda nossa injustiça foi imputada sobre Ele naquela cruz, enquanto toda a Justiça dEle foi colocada sobre nós, que nada merecíamos. Agora, por meio do sacrifício de Jesus, temos livre acesso à presença de Deus. Sem medo, sem barreiras, sem intermediários. Quando o Senhor nos olha, Ele vê as vestes da Justiça de Cristo, não os nossos pecados. Nada é mais valioso! Aleluia! Isso não é maravilhoso? Não sei você, mas eu não consigo me segurar. Estou dando "glória a Deus" bem alto aqui, enquanto escrevo isso.

Recorde-se daquela cena em que você ajudou a mãe desesperada. Não há urgência maior para a alma humana do que o perdão dos pecados e a restauração da comunhão com seu Criador. Nada é mais urgente e importante do que isso. É questão de vida ou morte eternas. O que precisávamos, estava inacessível, como o medicamento para aquela mãe desesperada. Porém, por causa da obra de Cristo, o acesso mais importante do Universo foi liberado. O remédio de que necessitamos é Graça de Deus, que agora está disponível para todos que creem em vivem em Cristo Jesus.

"Portanto, irmãos, temos plena confiança para entrar no Santo dos Santos pelo sangue de Jesus, por um novo e vivo caminho que ele nos abriu por meio do véu, isto é, do seu corpo. Temos, pois, um grande sacerdote sobre a casa de Deus." (Hebreus 10:19-21)

O véu do Templo simboliza a carne de Jesus. Ele separava o Santo dos Santos, onde a presença de Deus estava representada pela Arca da Aliança, do restante do Santuário. O véu rasgado de cima a baixo representa o corpo de Cristo, sacrificado, moído e ferido, na tortura e na cruz. A carne de Jesus é o verdadeiro véu, "rasgado" para nos dar acesso direto ao Pai. A barreira foi removida para sempre. Agora, qualquer um que quiser e crer pode se aproximar com confiança. É no Santo dos Santos, no Trono da Graça, onde entramos pelo Sangue de Jesus, que encontramos nossa fenda da rocha particular, de onde podemos conhecer e prosseguir em conhecer ao Senhor, quando conhecemos e prosseguimos em conhecer a Jesus Cristo, segundo as Escrituras, contemplando, assim, cada vez mais da Sua majestosa glória e tendo experiências incomensuráveis com Ele.

Símbolos e Sombras

Cada elemento do Tabernáculo e do Templo era um reflexo profético da obra redentora de Cristo. Não eram apenas símbolos isolados, mas antecipações tangíveis do que seria plenamente realizado em Jesus. O altar de sacrifícios, onde animais eram oferecidos para a expiação temporária dos pecados, apontava diretamente para o sacrifício definitivo do Cordeiro de Deus que tira o pecado do mundo. E assim como os sacerdotes precisavam se purificar antes de entrar no Lugar Santo, Cristo nos purifica e justifica completamente, não só removendo a culpa, mas nos concedendo acesso irrestrito ao Santíssimo, por nos cobrir com Sua Justiça.

A Arca da Aliança, o propiciatório, o próprio altar de sacrifícios, a mesa dos pães da proposição, tudo representava de uma maneira simbólica a sombra profética do sacrifício perfeito do nosso Eterno Sumo Sacerdote, Jesus Cristo, que de uma vez por todas ofereceu o Sacrifício que nos leva de volta a Deus.

"Ora, todo sacerdote se apresenta, dia após dia, a exercer o serviço sagrado e a oferecer muitas vezes os mesmos sacrifícios, que nunca jamais podem remover pecados; Jesus, porém, tendo oferecido, para sempre, um único sacrifício pelos pecados, assentou-se à destra de Deus" (Hebreus 10:11-12)

Percebe como é tudo sobre Ele? Jesus não é apenas o véu que se rasgou para nos dar acesso; Ele está presente em cada detalhe do Tabernáculo; cada símbolo, cada sombra aponta para Cristo. Ele não é apenas quem nos espera no Santo dos Santos, Ele também é o Caminho até lá. Pense no trajeto do pátio externo, passando pelo Altar do Holocausto, estando no Santuário, vendo o véu rasgado e o acesso ao Santo dos Santos livre. Jesus não só está, mas é todo esse Caminho. Será que você conhece esse versículo abaixo?

"Eu sou o caminho, a verdade e a vida. Ninguém vem ao Pai, a não ser por mim" (João 14:6).

Até quando você ficará se distraindo com as coisas do deserto deste mundo e não entrará diariamente no Tabernáculo, indo até o Santo do Santos, para conhecer a Deus intimamente e ver muito mais da Sua glória? Ele quer se revelar a você em Cristo. Quer te mostrar coisas tão gloriosas, na Palavra e na oração, que você teria dificuldades de descrever em palavras. Mas e você? Será que tem achado os entretenimentos e as distrações do mundo mais interessantes do que tudo que o Criador e Sustentador de todas as coisas tem para te revelar?

Pense Comigo

Pense nas figuras poderosas deste mundo. O acesso a essas pessoas é restrito. Quanto mais importante a pessoa é na sociedade, mais difícil é chegar até onde ela está, não é verdade? Donos de grandes empresas, bilionários, políticos, artistas, governantes das nações mais poderosas da terra, etc. Você pode não ter acesso a nenhum deles. Mas o que isso importa, se você tem acesso livre, garantido, diário e irrestrito à Presença do Senhor Deus Todo Poderoso?

Quando se sentir sem direção, sem importância ou sem respostas, lembre-se: o véu foi rasgado, e agora você tem acesso direto a Deus. Aliás, não é apenas à Sala do Trono do Altíssimo que adentramos. É também à Presença do nosso Pai, onde o Filho está sentado à Sua destra, e o Espírito Santo arde nas tochas de fogo ardente diante do Trono.

Pai, Filho e Espírito Santo: um só Deus, três Pessoas. Estamos prestes a mergulhar em um dos maiores mistérios da fé cristã, onde tudo o que é conhecido nos leva a uma profundidade ainda maior. Prepare seu coração, pois no próximo capítulo, vamos desvendar, à luz das Escrituras, como essa verdade transcendente pode transformar seu relacionamento com Deus.

Você está pronto para subir comigo à Sala do Trono?

Capítulo 8 – Mistério Revelado

Era uma noite chuvosa no bairro do Méier, no Rio de Janeiro, enquanto eu estava sentado em um dos bancos da área externa da universidade, aguardando a próxima aula começar. Como era um intervalo entre disciplinas no terceiro período do curso de Tecnologia da Informação, sei que isso aconteceu no primeiro semestre de 2001. A chuva caía torrencialmente enquanto eu observava o pátio deserto. Estava pensativo, absorvido nas memórias recentes da última aula de Matemática Lógica para Computação II e de muitas outras coisas que vinham ocorrendo na minha vida. Eu tinha vivido momentos intensos de aprofundamento na fé e no estudo de Teologia, que cursava paralelamente, e só naquele momento me dei conta do que enfrentaria naquele curso superior de Informática. Um leve vento soprava, e eu falava silenciosamente comigo mesmo e com Deus, pois eu realmente não conseguira entender praticamente nada da aula que acabara de terminar.

Enquanto me preparava para levantar para a próxima aula, o professor de Matemática Lógica se aproximou e sentou-se ao meu lado. Vou chamá-lo aqui de Sr. Alexandre. Ele era um senhor de barba e cabelos brancos, com certeza com mais de sessenta anos. Com pós-doutorado em Matemática, sabíamos que aquele homem era um pesquisador respeitadíssimo, multipremiado em sua área e professor de cursos de mestrado e doutorado. Ele mesmo mencionou, no primeiro dia de aula, que havia aceitado o desafio para ter uma experiência em um curso superior de exatas, ensinando disciplinas mais "simples". Quando as aulas começaram, o assunto na turma toda era a complexidade do que ele dissera que era simples e como praticamente ninguém conseguia acompanhá-lo nas explicações, por mais que ele retomasse o raciocínio e repetisse por diversas vezes. Era perceptível o quanto ele falava com paixão, propriedade e maestria da matemática, mas nossa percepção é que embora ele tivesse muito conhecimento, não tinha a didática necessária para ensinar.

— Pensativo, meu jovem? — Disse ele, sorrindo. Sua voz era grave e a dicção sempre perfeita.

— Pois é, Sr. Alexandre. Gosto de olhar a chuva.

— Você sabe que explicar conceitos complexos de forma simples, usando metáforas e exemplos da vida cotidiana, é, ao mesmo tempo, a forma mais eficaz de ensinar e uma das habilidades mais difíceis de se ter. — Ele sorriu novamente e tirou os óculos. — Muito mais do que axiomas ou qualquer assunto da matemática.

Ao mencionar axiomas, ele sabia que eu lembraria da aula recém-terminada. Então, já me preparei para não ir para a próxima, pois aquela conversa obviamente tinha tudo para ser demorada.

Ele me disse que, apesar de sua especialização em didática para matemáticos, estava com dificuldades de ensinar uma matéria mais simples no curso de Tecnologia. Conversamos por um tempo, mas sua última frase, antes de nos despedirmos, foi marcante:

— Entender os axiomas é o que te faz olhar com os olhos certos para a matemática. Todas as fórmulas e cálculos que você decora só funcionam porque, um dia, foram provados a partir de axiomas. Observar sob a perspectiva correta faz o que parece muito difícil se tornar simples, como dois mais dois são quatro. — Ele disse, referindo-se à aula em que encheu mais de um quadro para provar que dois mais dois são quatro.

Eu fiquei ali, observando a chuva e pensando sobre como a profundidade do conhecimento pode nos fazer enxergar além do que a maioria das pessoas está vendo.

Graças a Deus, algumas semanas depois, aprendi o que precisava sobre os axiomas, ajudei o restante da turma com monitoria e, ainda por cima, nunca mais olhei para a matemática e a física da mesma forma.

O que Poucos Enxergam

Compreender a revelação do Deus único em três Pessoas é essencial, pois cada Pessoa da Trindade revela um aspecto distinto do Criador e aprofunda nosso relacionamento com Ele. O Pai, o Filho e o Espírito Santo agem em perfeita harmonia, revelando aspectos únicos do caráter divino e permitindo-nos experimentar Sua Presença de maneiras variadas e profundas. Ao mergulharmos nessa verdade bíblica, não apenas ampliamos nosso conhecimento de Deus, mas também damos um passo essencial para a intimidade da fenda da rocha particular com Ele, o que resultará em uma vida diária de experiências transformadoras.

O relacionamento com Deus na relação dinâmica com as três Pessoas da Trindade é indispensável, se quisermos alcançar todos os mistérios da Sua majestade que nos estão disponíveis em Cristo Jesus. É assim que as Escrituras ganham vida, e que, pela fé, avançamos na jornada constante de descobertas espirituais sobre a qual tanto temos falado neste livro.

Pai Celestial

"Portanto, ide e fazei discípulos de todas as nações, batizando-os em nome do Pai, e do Filho, e do Espírito Santo." (Mateus 28:19)

Deus, como Pai celestial, é a nossa maior fonte de amor, cuidado, sabedoria, provisão e proteção. Ele nos adota como Seus filhos por meio de Sua Graça e da obra da redenção. Nossa relação com o Pai deve ser de profunda intimidade e confiança, como Jesus demonstrou na prática, enquanto esteve entre nós. Podemos nos aproximar dEle como filhos amados, com nossas alegrias, lutas, esperanças e angústias. Ele guia cada um de Seus filhos disciplinando, confortando, e demonstrando Seu amor incondicional e inigualável, enquanto chama-os para uma vida de santidade e obediência. Como Pai amoroso e justo, Deus deseja que tenhamos um relacionamento contínuo e íntimo com Ele, por meio de Jesus Cristo, no poder arrebatador do Espírito Santo, de acordo com as Escrituras.

No contexto da Trindade, é muito importante entender que o Pai não é superior ao Filho nem ao Espírito Santo, pois cada uma das três Pessoas desempenha um papel único e coeterno na revelação e na obra de Deus.

Sem entrar nas controvérsias sobre o batismo em Nome de Jesus ou da Trindade (embora eu acredite que o correto sejam as duas formas), no texto de Mateus 28:19, fica claro que as três Pessoas operam em perfeita harmonia e igualdade, manifestando a plenitude do Deus Único, pois são citadas juntas por Jesus, como autoridade divina para o batismo.

Sua relação prática, no dia a dia, com o Pai Celestial, deve ser um diálogo aberto e íntimo, mas cheio de reverência e adoração, onde você encontra paz e propósito em cada oração e ação, sabendo que o Deus Todo Poderoso cuida de cada detalhe da sua vida, dando o que você precisa a cada dia e transformando todo desafio em oportunidade de crescimento e fortalecimento da sua fé.

Recorde-se de uma ocasião em que você sentiu um amor genuíno e profundo, talvez vindo de um pai, uma mãe, um amigo verdadeiro, um pastor, ou mesmo de um precioso irmão em Cristo. Esse amor que você experimentou é um reflexo, embora imperfeito, do perfeito amor do seu Pai Celestial.

Leia esses dois versículos e veja como o amor do Pai por nós é maravilhoso, impactante e incomparável:

"Porque Deus amou ao mundo de tal maneira que deu o seu Filho unigênito, para que todo o que nele crê não pereça, mas tenha a vida eterna." (João 3:16)

"Aquele que não poupou o seu próprio Filho, antes, por todos nós o entregou, porventura, não nos dará graciosamente com ele todas as coisas?" (Romanos 8:32)

Tamanho amor é ou não é inexplicável?

O Filho

Jesus Cristo, o Filho, é o reflexo exato do Pai. NEle, vemos o amor em ação, um amor que desceu à Terra e viveu entre nós. Cristo é a ponte entre o Pai e a humanidade, mostrando-nos o Caminho e oferecendo sua vida para nos reconciliar com Deus.

Já tivemos dois capítulos inteiros para falar de Cristo e de como tudo é sobre Ele na Bíblia, mas ainda que tenha que repetir algumas coisas, nunca é demais falar do nosso Senhor.

"Este é a imagem do Deus invisível, o primogênito de toda a criação; pois, nele, foram criadas todas as coisas, nos céus e sobre a terra, as visíveis e as invisíveis, sejam tronos, sejam soberanias, quer principados, quer potestades. Tudo foi criado por meio dele e para ele. Ele é antes de todas as coisas. Nele, tudo subsiste." (Colossenses 1:15-17)

Jesus, o Filho, é o Verbo (*"Logos"*) que se fez carne e habitou entre nós, a expressão visível do Deus invisível. Ele traz aos seres humanos a revelação clara e tangível de quem Deus é. Tudo o que se pode conhecer de Deus nesta vida, que nem Moisés ou nenhuma outra pessoa no Antigo Testamento pôde ver depois da queda, está plenamente revelado em Jesus Cristo. Ele é nosso Senhor, Salvador e Redentor, o Irmão mais velho que nos reconciliou com o Pai e nos deu novas vestes, para que fôssemos aceitos na família de Deus como Seus filhos amados. Não há nenhuma possibilidade de relacionamento com Deus, se não for por meio dEle, que é o único Caminho, a única Verdade e a única Vida. Só através de Jesus Cristo, o Deus Filho, podemos conhecer plenamente o amor e a graça do Criador, experimentando Sua Presença e vendo a Sua glória.

Na Trindade, Jesus é coeterno e coigual com o Pai e o Espírito Santo. No texto que lemos de Colossenses 1:15-17, a Palavra de Deus diz que todas as coisas foram criadas por meio dEle e para Ele, destacando Seu papel central na criação e manutenção do Universo. O Pai, o Filho e o Espírito Santo trabalham em perfeita unidade e harmonia, cada um desempenhando funções distintas, mas complementares. Jesus é a ponte, a porta, a estrada, o caminho, o único intermediador capaz de nos proporcionar um relacionamento com Deus, pois nos reconciliou com Ele pelo Sangue de Sua cruz.

Pense nas dificuldades que você enfrenta em seu dia a dia. Você já se sentiu incompreendido, como se ninguém entendesse suas lutas diárias? Saiba que Jesus conhece essa sensação profundamente, pois Ele também experimentou as dificuldades de ser humano.

Ele conhece suas dores, suas alegrias e os desafios de caminhar com Deus em um mundo tão mau e imperfeito.

Em Filipenses 2:5-7, está clara a humildade de Jesus, que embora sendo Deus, *"esvaziou-se a si mesmo, tomando a forma de servo"*. Por isso, a vida dEle neste mundo é o modelo para nós. Ao viver em carne e obedecer ao Pai, Jesus não só vence o mundo, o pecado, a morte e as trevas, mas também se torna um exemplo de que é possível um ser humano viver seu dia a dia na Presença de Deus e para glória dEle.

Se você imitá-lO, nem o Céu é o limite, pois Ele é maior e melhor do que o Céu. A Santa Presença e o conhecimento do Eterno Senhor são mais valiosos do que qualquer coisa na criação, inclusive as celestiais.

Santo Espírito, o Deus Consolador

O Espírito Santo é a presença constante de Deus em nossas vidas. Ele é o Consolador prometido por Cristo, que nos enche e nos capacita. Jamais conseguiríamos viver a vida cristã por nós mesmos, se não fosse o Espírito Santo. Nunca seríamos capazes de cumprir o chamado de Deus para nós, se não fosse o poder do Espírito de Deus operando em nós e por meio de nós. Ele nos guia a cada segundo de nossas vidas, nos fortalece e, sobretudo, nos ajuda a entender as Escrituras. Ele é para nós tudo aquilo que Jesus foi para os discípulos enquanto esteve com eles em carne. Somos o templo onde Ele habita. E nunca se esqueça de duas coisas: primeiro, O Espírito Santo jamais falará ou revelará nada que contradiga a Palavra de Deus; e segundo, se Cristo e o Evangelho não são exaltados, não é o Espírito Santo que está agindo.

"Então, disse Pedro: Ananias, por que encheu Satanás teu coração, para que mentisses ao Espírito Santo, reservando parte do valor do campo? Conservando-o, porventura, não seria teu? E, vendido, não estaria em teu poder? Como, pois, assentaste no coração este desígnio? Não mentiste aos homens, mas a Deus." (Atos 5:3-4)

Nosso relacionamento com o Espírito Santo é de dependência e sensibilidade espiritual. Se somos guiados por Ele, fazemos a vontade de Deus, conforme as Escrituras, e somos a cada dia transformados de dentro para fora, segundo a imagem de Cristo. Sem o Espírito Santo, você nunca teria sabedoria e discernimento para compreender profundamente as Escrituras, pela fé. Ele nos guia em toda a Verdade da Palavra de Deus. Sem Ele, eu não poderia escrever este livro, baseado na Bíblia, e nem você seria edificado pela leitura.

Na Trindade, o Espírito Santo também é coeterno e coigual com o Pai e o Filho. Em Atos 5:3-4, fica claro que quando Ananias mentiu ao Espírito Santo sobre o valor do campo que vendera, ele mentiu a Deus. Portanto, o Espírito Santo é Deus. O Espírito Santo aplica a obra da redenção em nossas vidas. Foi Ele que encheu e capacitou Jesus, que mesmo sendo Deus, viveu como homem, a fazer tudo que realizou. Inclusive, foi o Santo Espírito que esteve naquela sepultura no terceiro dia e ressuscitou Cristo dentre os mortos.

Sabe aquela experiência de sentir uma paz inexplicável em momentos de incerteza? Ou de ser orientado por uma voz suave que te leva a fazer a escolha certa? Ou quando aquele trecho da Bíblia que você já lera tantas vezes, em determinado momento, salta aos olhos e parece queimar em seu coração? Ou quando você sabe que está fazendo ou ouvindo algo errado, contrário à Bíblia, e se sente incomodado com isso? São só alguns exemplos da obra do Espírito Santo. Sem ele, não conseguiríamos nem orar, mas Paulo diz em Romanos 8:26, que *"o Espírito ajuda em nossa fraqueza…"*, intercedendo por nós até mesmo quando não sabemos o que dizer em oração.

Tudo que Jesus fez foi por estar cheio do Espírito Santo. E este mesmo Espírito habita em nós e quer nos encher de poder, como fez com Cristo. Como é possível que qualquer coisa que este mundo tenha a oferecer seja melhor do que isso?

O Eterno

É claro que eu não escrevi, nem de perto, tudo que a Bíblia tem a dizer sobre cada pessoa da Trindade, pois para isso, contando apenas o meu conhecimento, só este capítulo precisaria de centenas e centenas de páginas. Meu objetivo aqui é mostrar o necessário para que você conheça e prossiga em conhecer o Eterno Deus, indo à fenda da rocha particular todos os dias e vendo cada vez mais da Sua glória. Para isso, você precisa saber se relacionar com o Senhor na dinâmica correta, de acordo com as três Pessoas distintas da Trindade.

Lembra do meu professor de matemática e daquela matéria difícil? Assim como todos os cálculos e equações da matemática só funcionam porque foram provados a partir de um axioma, nosso relacionamento com Deus só é possível porque as verdades espirituais da Palavra de Deus são reais. É claro que não é possível que eu me aprofunde no assunto da Trindade neste capítulo, visto que diante de um milhão de páginas, ainda seria um mistério divino difícil para a mente humana compreender, mas assim como o professor me disse que a observação sob a perspectiva correta faz o que parece muito difícil se tornar simples, quando observamos o que a Palavra revela sobre o Pai, o Filho e o Espírito Santo, e sobre a dinâmica de ação deles em nossa relação diária com Deus, uma imensidão de gloriosas revelações celestiais se abre diante nós.

 Para todos que não estão mais ou nunca estiveram dentro da igreja e longe de Deus e querem ir mais fundo no conhecimento e na intimidade com o Eterno, é indispensável relacionar-se com o Pai, o Filho e o Espírito Santo da forma correta, segundo a revelação das Escrituras.

Embora não seja propriamente incorreto orar ao Filho ou ao Espírito Santo, visto que são Deus, a dinâmica que a Bíblia ensina é orar ao Pai, em Nome do Filho, com ajuda do Espírito Santo.

Por toda a Escritura, sempre veremos as três Pessoas em ação. Claro que as formas são variadas nas páginas bíblicas, portanto, não pretendo e nem poderia criar um padrão para limitar a manifestação do Senhor, mas no geral, o Pai é revelado como o Senhor absoluto no Trono; o Filho, como a Voz que emana de Sua boca, a expressão exata de Seu Ser; e o Espírito Santo é quem realiza tudo o que Sua destra faz, além de fazer com que nenhuma Palavra volte vazia, mas antes, cumpra o propósito para o qual foi enviada.

Ao entender o papel de cada Pessoa, vemos como a Trindade opera em perfeita unidade, mas com propósitos distintos. O Pai cria, o Filho redime e o Espírito Santo guia. Essa cooperação divina nos convida a um relacionamento mais profundo com Deus, e a uma vida de adoração e constante busca por Sua presença.

Diga para si mesmo, onde quer que esteja: Meu Deus é o meu Pai Celestial, que me ama e cuida de mim; meu Deus é o meu Senhor Jesus Cristo, que se fez carne, morreu na cruz para me salvar e ressuscitou; e meu Deus é o Espírito Santo, o Consolador que habita em meu coração, que me releva tudo que preciso saber, viver e fazer espiritualmente, enquanto opera em mim e através de mim, para glória de Cristo.

Se até na matemática há mistérios e equações ainda não desvendados pelo ser humano, imagine os mistérios que há e podemos contemplar no Eterno Deus, nas Pessoas do Pai, do Filho e do Espírito Santo, se buscarmos diariamente, sedentos por mais dAquele que já prometeu se revelar a todos os que O buscarem de todo coração.

Pense na grandiosidade que é ter acesso a cada Pessoa da Trindade. Deus quer ser o Deus da sua vida no dia a dia, na prática, não só como uma teoria religiosa ou filosófica. Ele não é apenas o Criador distante; Ele é Pai, Irmão e Consolador. Por isso, onde estivermos, mesmo que seja em um cantinho perto da parede, temos a Porta e o Caminho abertos para subir ao lugar de comunhão, a fim de conhecer e prosseguir em conhecer ao Senhor.

"A graça do Senhor Jesus Cristo, o amor de Deus e a comunhão do Espírito Santo sejam com todos vocês." (2 Coríntios 13:14)

Quer conhecer histórias reais e exemplos práticos de como esses princípios se aplicam no dia a dia de pessoas que realmente andam junto a Deus?

Capítulo 9 – Uma Vida Extraordinária

Ao longo desta jornada que percorremos juntos, nos aprofundamos em temas fundamentais para levar você a uma vida plena junto a Deus, repleta do Seu poder transformador. Neste capítulo, quero compartilhar ensinamentos, histórias reais e testemunhos práticos, para ajudar nessa sua caminhada em busca de conhecer cada vez mais do Senhor, por meio de Sua Palavra e de experiências pessoais extraordinárias com Ele.

Wesley, Daniel e a Oração

No ano de 1703, enquanto a Inglaterra vivia um período de grande esfriamento espiritual, nasceu em Epworth um menino chamado John Wesley. Filho de pastor, desde cedo, ele mostrou interesse pelo estudo das Escrituras e pela vida com Cristo. Estudou em Oxford e tornou-se ministro anglicano, mas, ainda assim, apesar da imagem religiosa irretocável, ele sentia que sua vida espiritual estava incompleta. Em 24 de maio de 1738, durante uma reunião de oração na Rua Aldersgate, em Londres, à qual Wesley nem estava com vontade de ir, ele teve uma experiência profunda enquanto ouvia o prefácio de Lutero para a Epístola ao Romanos. Em suas próprias palavras, sentiu seu coração "estranhamente aquecido". A partir daquela noite transformadora, Wesley passou a mergulhar intensamente nas verdades da Palavra de Deus e a ter uma vida diária de oração fervorosa.

Mesmo nos dias mais corridos, ele nunca orava por menos de duas horas. Cheio do Espírito Santo e vivendo um relacionamento íntimo e diário com Deus, esse homem percorreu, a cavalo, mais de 400 mil quilômetros pelas ilhas britânicas e pregou mais de 40 mil sermões. A dedicação incansável e diária de John Wesley às Escrituras e à oração, em sua fenda da rocha particular, não trouxe só um avivamento espiritual, mas mudou profundamente a sociedade britânica e impactou o mundo inteiro, dando origem à Igreja Metodista e todas as suas obras sociais. Um fato curioso é que décadas mais tarde, um rapaz chamado Billy Graham visitou a casa de Wesley, viu as marcas deixadas no chão de madeira pelos joelhos do homem que passava tanto tempo em oração, e se ajoelhou ali, pedindo para que o Senhor o usasse com o mesmo fervor e impacto. Billy Graham tornou-se o maior evangelista do século 20 e um dos maiores da história da Igreja de Cristo.

Agora, voltemos séculos e séculos, até a antiga Babilônia, onde hoje fica o Iraque. O lugar é cercado por grandiosas construções e estátuas de ouro. Um homem pode ser visto por uma das janelas do suntuoso palácio. É Daniel, que um dia fora levado, bem jovem, cativo para aquele lugar e destacara-se por sua sabedoria e fé inabalável em Deus. Agora, porém, ele já é um senhor de cerca de oitenta anos. O Rei Dario estabeleceu três governantes para as províncias do império e o velho Daniel foi um deles. Cheio de intimidade com Deus, ele destacou-se, chamando a atenção do rei e despertando o ciúme e o ódio dos outros governantes. Em Daniel 6, nos é revelado que nem o tempo, nem o fato de viver entre ímpios idólatras por décadas, apagou a chama desse servo no relacionamento diário com o seu Senhor. Ele orava três vezes ao dia. Todos os dias. Contudo, aqueles homens invejosos armaram uma situação para que o rei Dario decretasse que por trinta dias ninguém poderia fazer petições a qualquer deus ou homem, exceto ao rei. Seria muito fácil e conveniente para Daniel passar aquele tempo sem orar ou fazer suas orações em segredo, mas ele preferiu arriscar sua vida, em vez de ficar sem orar ou esconder o relacionamento com seu Deus, orando em segredo. Daniel, então, com decreto e tudo, abria suas janelas, voltava-se para Jerusalém e orava, sabendo dos riscos que corria. Seus inimigos o denunciaram, como planejado, e ele terminou jogado numa cova cheia de leões famintos, pois permaneceu firme em sua fé. A Bíblia relata que naquela noite aparentemente aterrorizante, Deus enviou um anjo para fechar a boca dos leões. Ao amanhecer, Daniel emergiu ileso, para a surpresa de todos, pois diante do nosso Deus, os mais ferozes leões deste mundo não passam de gatinhos indefesos. Preste atenção: Daniel preferiu ser lançado em uma cova cheia de leões famintos, sem qualquer garantia de que Deus o protegeria, do que ficar sem orar três vezes por dia ou esconder sua fé. O relacionamento íntimo e diário desse homem com Deus o preparou para quando a prova e as circunstâncias desesperadoras chegaram. Resultado?

Deus foi glorificado e ele dormiu vendo um anjo fechar a boca de leões.

Desde que me converti, com dezesseis anos de idade, há mais de vinte e quatro anos, a oração tornou-se uma parte indispensável de cada um dos meus dias. É maravilhoso ter a certeza inabalável, pela fé, de que posso ir a Deus em oração e ver as circunstâncias mudarem diante dos meus olhos, sendo a vontade dEle, para Sua glória; porém, nada se compara à profundidade do relacionamento com o Senhor através da oração. Não se trata apenas de estar preparado para orar sempre que necessário, mas principalmente de experimentar a glória de viver diariamente em oração. Já vi coisas além do inacreditável acontecerem depois que orei, seja para alguma necessidade minha, da congregação, ou a pedido de outras pessoas, porém, o principal é o relacionamento com o Pai, em Nome de Jesus, com ajuda do Espírito Santo, dia após dia. Nada se compara a viver todos os dias dando prioridade para se encher da Palavra de Deus e orar sem cessar.

Você só verá mudanças reais na sua vida se separar um tempo de qualidade diariamente para a oração. Não há outro caminho. Encontre um lugar tranquilo, livre de distrações, nem que seja em um cantinho de um cômodo, e estabeleça uma rotina diária para buscar a Deus. Faça da oração uma prioridade real no seu cotidiano, assim como fizeram John Wesley e muitos outros irmãos. Lembre-se de que o velho

Daniel preferiu ir para uma cova cheia de leões famintos do que parar de orar três vezes ao dia. Será que a desculpa que você tem dado para não orar permanece de pé diante disso? A Palavra de Deus não falha! Se dedicar tempo de qualidade para buscá-lO, você mudará e as coisas ao seu redor começarão a mudar também. Milagres acontecem, portas se abrem, sua fé se fortalece, pessoas são alcançadas pelo Evangelho e principalmente Deus é glorificado. Um verdadeiro foco visível do poder de Deus passa a emanar da vida de quem tem intimidade com Ele. Você deseja viver isso ou está disposto a passar pela terra sem fazer diferença alguma? Lembre-se que para chegar sobre a rocha e entrar na sua fenda particular, Moisés teve que orar.

"Então, ele disse: Rogo-te que me mostres a tua glória." (Êxodo 33:18)

Exército de Fogo, Paulo e Proteção de Deus

O profeta Eliseu e seu servo estão numa cidade chamada Dotã. O lugar está cercado pelo exército sírio. O moço está assustado e quase em desespero, mas Eliseu parece calmo e tranquilo. Os sírios querem capturar o profeta, pois por conta de seu relacionamento íntimo e profundo com o Senhor, ele tem revelado ao rei de Israel todos as estratégias militares e emboscadas mais secretas arquitetadas pelo rei da Síria. Em 2 Reis 6:8-23, encontramos esse relato. Espero que você vá até sua Bíblia e o leia. O servo de Eliseu acorda e vê a cidade cercada. Desesperado e temendo por suas vidas, ele diz ao profeta: *"Ai, meu senhor! O que faremos?"*. Eliseu, com calma humanamente inexplicável e confiança inabalável, responde: *"Não temas; porque mais são os que estão conosco do que os que estão com eles"*. Então, ele ora, pedindo para que o Senhor abra os olhos do moço, a fim de que veja a verdadeira realidade. Imediatamente, o servo vê a montanha ao redor repleta de cavalos e carros de fogo. Um temível exército celestial está ali. A proteção invisível de Deus estava a postos para defendê-los.

O inimigo e sua própria mente humana tentarão convencer você de que isso é apenas mais uma história da Bíblia, argumentando que essas coisas aconteceram no passado, mas não ocorrem mais. Não acredite antes nas trevas, em sabedoria humana e nem em você mesmo, creia em primeiro lugar na Palavra de Deus. Foram tantas as vezes que tive experiências excepcionais com a proteção do Senhor, que fica até difícil de escolher uma para contar. Mas vamos lá, creio que a seguinte ilustra muito bem o que estamos aprendendo: sofro costumeiras ameaças por pregar o Evangelho e não aceitar amenizar o discurso. Isso incomoda as trevas e muita gente má. Há aproximadamente dez anos, enquanto iniciava meu primeiro livro (o volume 1 desta trilogia), saí com minha família para jantar em um restaurante no Rio de Janeiro e o Espírito Santo disse claramente ao meu coração que as pessoas que nos ameaçavam estariam lá, mas não conseguiriam nos ver. De início, eu relutei, pois as ameaças já tinham se tornado tentativas reais de fazer mal a mim e a minha família no passado, inclusive naquele mesmo restaurante. No entanto, confiando no Senhor, decidimos ir. É difícil encontrar palavras para descrever, pois algo assim você precisa viver para experimentar. Eles chegaram e sentaram na mesa atrás da nossa. Minha cadeira ficou de costas para a cadeira de um deles. Nós os conhecemos, mas eles nos olhavam, falavam entre si, franziam o cenho, continuavam olhando, mas não nos reconheceram. Ficamos ali por quase três horas, glorificando a Deus e alegres em Cristo, pois Seu poder fez as pessoas que tanto nos ameaçaram nos verem e simplesmente não nos reconhecerem. Isso aconteceu apenas naquela vez. Em outras ocasiões, precisei literalmente correr para casa ao avistá-los, pois estava com minha família. Mas naquele dia, o Senhor envergonhou as trevas, confundiu os inimigos e por conta do meu relacionamento diário com Ele, pude ouvir Sua Voz me avisando sobre o que aconteceria. Aleluia! E aproveito o assunto para manter registrado aqui: Não me calo! Não me vendo! Não paro de pregar o Evangelho! Podem ameaçar à vontade. Minha vida está nas mãos de Cristo e só o Senhor é Deus!

Não estou dizendo que somos supercrentes e que nada nos acontece. Olhe para a vida do Apóstolo Paulo e veja o quanto ele sofreu. No entanto, a Bíblia me permite afirmar que nada acontece na vida de um cristão fiel sem a permissão de Deus, para um propósito maior. A maldade e o azar não têm a palavra final na vida de quem anda com Cristo de perto. Vamos a uma ilha no Mediterrâneo. Destroços de um naufrágio repousam no fundo do mar e os sobreviventes estão chegando em terra firme. Em Atos 27 e 28, o próprio Paulo é um prisioneiro a caminho de Roma. Ele estava no navio que enfrentou uma violenta tempestade e naufragou. Todos a bordo chegam a salvo à costa de Malta. Enquanto recolhe gravetos para alimentar o fogo, uma víbora venenosa morde a mão do Apóstolo. Os habitantes locais esperam que ele inche e morra rapidamente, mas Paulo simplesmente sacode a serpente no fogo e não sofre nenhum mal. A proteção de Deus é evidente, e esse milagre serve como um poderoso testemunho para os malteses. Eles, impressionados, passam a ouvir Paulo e são tocados pela mensagem do Evangelho. Não importa o quão desesperadora uma situação possa parecer, Deus está sempre presente e é poderoso para proteger Seus servos e usá-los para Sua glória.

Nada acontece na vida de quem está diariamente na fenda da rocha particular, conhecendo e prosseguindo em conhecer ao Senhor, sem antes passar por Ele. Na medida em que separa tempo diário para buscar a Deus e estar em Sua Presença, você vai ouvindo cada vez mais a Sua voz e confiando progressivamente que Ele te guarda, mesmo quando tudo parece estar desmoronando. E para crer nisso, você nem precisa ter os olhos espirituais abertos, como Eliseu, pois o Senhor não mente e Ele prometeu em Sua Palavra que sempre estaria conosco e nos guardaria. Andando com Ele de perto, você passa a ter cada vez mais forte a profunda convicção de que a Palavra de Deus é mais real do que a realidade que seus olhos podem ver.

"E eis que estou convosco todos os dias até a consumação do século." (Mateus 28:20b)

"Porque aos seus anjos dará ordem a teu respeito, para te guardarem em todos os teus caminhos." (Salmo 91:11)

Pássaros, Flores e Provisão

Sei muito bem o que é depender de Deus. Nosso ministério não recebe nem metade das ofertas que seriam necessárias para manter a estrutura que alcança milhões de pessoas por mês, no Brasil e fora dele, funcionando plenamente. Nos recusamos a negociar a fé, amenizar o discurso do Evangelho bíblico, e a ficar o tempo todo pedindo ofertas insistentemente. Mesmo com o estrondoso sucesso dos meus livros, sobretudo o *"Dentro da Igreja e Longe de Deus"*, jamais cobrei um centavo sequer além de custos para pregar o Evangelho e continuarei a fazer isso por todos os dias da minha vida, com a ajuda do Senhor. Oferto todos os meus direitos autorais ao Ministério Muros do Evangelho, onde o Pr. Luciano e eu seguimos cumprindo o chamado do Senhor, crendo que sendo Ele o dono da obra e do chamado, Ele sempre trará a providência, nem que seja na última hora, para nos manter de pé. Eu teria muitos testemunhos para contar aqui, sobretudo de como Deus costuma nos deixar chegar ao limite. Não é raro irmos até não haver mais de onde tirar recursos para continuar, para então vermos o Senhor fazer um milagre evidente, seja enviando irmãos com ofertas inesperadas ou proporcionando um aumento nas vendas dos livros, e assim mantendo o ministério ativo, para glória dEle. No entanto, prefiro contar o testemunho de um irmão bem conhecido, cuja ousadia, confiança e fé, que só podem vir de um relacionamento profundo com Deus e Sua Palavra, em oração, é um exemplo para todos nós.

O Pastor George Müller viveu no século 19 e fundou diversos orfanatos na cidade de Bristol, Inglaterra. Ele decidiu depender inteiramente da oração e da fé para sustentar as crianças. Isso mesmo. Nunca pedia dinheiro ou provisões diretamente a ninguém, mas compartilhava suas necessidades apenas com Deus. Um dos testemunhos mais notáveis da sua vida ocorreu em um dia quando não havia nenhuma comida para as crianças. Acostumado a ter um relacionamento diário de intimidade com o Senhor, o irmão Müller reuniu todos para orar. Alguns momentos após terminarem de falar com o Pai Celestial, alguém bateu à porta do orfanato. Era um padeiro, cheio de pães frescos, dizendo que sentiu um impulso de madrugada para assar pães para o orfanato. Logo após, um leiteiro cuja carroça havia quebrado em frente ao orfanato ofereceu todo o leite, pois não poderia entregá-lo em outros lugares. E esse é só um dos muitos testemunhos de provisões milagrosas em resposta às orações de Müller. O segredo desse homem era não esperar o tempo de escassez para buscar a Deus; ele andava em intimidade com o Pai Celestial em todos os momentos, e por isso, quando a necessidade aparecia, estava sempre preparado para orar e ver a mão de Deus trazer os milagres dos quais ele precisava para alimentar as crianças.

Lembra do que o Mestre falou? Jesus nos ensinou a olhar para a natureza ao redor e encontrar consolo no cuidado constante de Deus com os pássaros e as flores. Em Mateus 6:26-30, Ele disse: *"Observem as aves do céu: não semeiam, nem colhem, nem armazenam em celeiros; contudo, o Pai celestial as alimenta. Não têm vocês muito mais valor do que elas? [...] Vejam como crescem os lírios do campo. Eles não trabalham nem tecem. Contudo, eu lhes digo que nem Salomão, em todo o seu esplendor, vestiu-se como um deles. Se Deus veste assim a erva do campo, que hoje existe e amanhã é lançada ao fogo, não vestirá muito mais a vocês, homens de pequena fé?"* Jesus nos chama a confiar na provisão do Pai, lembrando-nos que Ele cuida de cada detalhe da criação e, certamente, cuidará de nós. Contudo, isso não é nada fácil. Se você não se dedicar no relacionamento diário com Deus, separando tempo para estar com Ele na Palavra e na oração, acabará dominado pela ansiedade relacionada a alguma área da sua vida. Mas os que habitam na Rocha e buscam diariamente a fenda particular, descobrem o que é viver em paz de verdade, livres da tirania das ansiedades e preocupações. Que você não conheça a Deus apenas de ouvir falar, mas ande dia a dia com Aquele que cuida das aves do céu e dos lírios do campo. Entre na fenda da intimidade com Seu Pai, que te ama e prometeu cuidar de você. Então, depois de ver tanta glória no quarto secreto, ao descer do Sinai para os desafios da vida, como não crer que Ele cuidará de você, que vale muito mais do que pássaros e flores?

Ao conhecer cada vez mais a Deus, por meio da Sua Palavra, pela fé, entendemos que se Ele já proveu a nossa redenção, como não proverá todo o resto de que precisamos? Ele deu Seu próprio Filho, proveu a Si mesmo como sacrifício perfeito pelos nossos pecados, e como não cuidaria de nós em coisas infinitamente menores? Mas você precisa conhecer e prosseguir em conhecer ao Senhor. Só assim, encontrará verdadeira paz em meio ao caos de um mundo onde muitos correm de um lado para o outro em vão, como atrás do vento. Não se junte a eles para correr atrás do que nunca vão conseguir alcançar, antes, ande na Palavra de Deus, faça sua parte aqui na terra, e descanse vendo diante dos seus olhos a fidelidade do Senhor.

A Escolha é Sua

Chegamos ao fim deste capítulo e já nos aproximamos do final do livro, mas entenda uma coisa: VOCÊ ESTÁ APENAS COMEÇANDO!

Que seu coração arda com a chama da fé bíblica, uma fé que não se contenta com menos do que o tudo que é revelado e prometido nas Escrituras, fé que busca incansavelmente a face de Deus, sabendo que Jesus Cristo é o mesmo ontem, hoje e para sempre.

Você! Ei! Sim, você mesmo, com todas as suas limitações e dificuldades. Deus conhecia todos os seus defeitos quando te chamou. Ele quer te transformar, te mostrar coisas extraordinárias de Si mesmo e Sua glória, e te usar poderosamente nesta terra. Você foi chamado para viver experiências indescritíveis e testemunhar milagres acontecendo ao seu redor. Deus ainda é o Deus de provisão, proteção e poder. Ele responde oração! Ele deseja que você, assim como George Müller, Daniel, e os discípulos de Jesus, testemunhe Sua glória de maneiras que desafiam a lógica humana. Levante-se com determinação, pare de dar desculpas, dedique-se a orar muito mais, mergulhe nas Escrituras e prepare-se para ser surpreendido por tudo que você conhecerá do Senhor e verá acontecer diante de seus olhos.

Este é o convite de Deus para você: viva uma vida cheia do poder do Espírito, onde o impossível se torna realidade. Permita que cada página deste livro te leve para as páginas das Escrituras, e que elas sejam um combustível para a sua fé e uma motivação para compartilhar essas verdades transformadoras com todos que você conhece. Vá em frente, filho(a) de Deus, guerreiro(a) de Deus, e veja como Ele pode transformar tudo ao seu redor de maneiras que você jamais imaginou!

Escute! Das Escrituras vêm o som de uma santa convocação. À frente está Jesus Cristo, Rei dos reis, Senhor dos senhores, e para você não há dispensa do Seu exército. E então, vai ficar aí parado(a)?

Vem!

Capítulo 10 – Junto a Deus

Li certa vez uma história, bastante popular entre pregadores, sobre um velho carpinteiro. Deixe-me contá-la a você. Em uma pequena cidade, havia um carpinteiro de quase oitenta anos. Ele era conhecido por todos não apenas por seu trabalho, mas principalmente pela luz que refletia. Todos sabiam que aquele senhor passara a vida toda servindo a Deus, e acabavam ligando a isso a sua vida de serviço aos outros, sabedoria, humildade e oração. No entanto, poucos naquela cidadezinha conheciam a real intensidade da jornada espiritual daquele homem, que ia muito além de apenas ser membro da única igreja evangélica do lugar.

Numa noite tranquila, enquanto trabalhava silenciosamente em sua oficina, o carpinteiro idoso lançou o olhar pela pequena janela, que mantinha aberta nas noites quentes de primavera, e viu uma estrela cadente riscando o céu. Ele prontamente deixou de lado o caminhão de madeira que estava confeccionando para um menino pobre, que visitara o culto com sua família no domingo anterior, e foi para o lado de fora.

A estrela já não estava mais lá.

— Passou muito rápido. — Ele pensou em voz alta.

Então, o Espírito Santo logo o lembrou que a vida do ser humano nesta terra é tão breve quanto aquela estrela.

— Meu Pai, como é importante fazermos diferença enquanto ainda estamos neste mundo. Já fiz tanto, e tantos dizem que fiz muito, que sou exemplo, mas sinto que ainda foi tão pouco. Me ajuda a refletir a tua glória em tudo que eu fizer. — Ele orou, olhando para a pele envelhecida e manchada pelo tempo dos seus braços. — Que eu possa deixar neste mundo o testemunho do Teu amor, Senhor, Em Nome de Jesus.

Ele olhou para as suas mãos calejadas, viu as inúmeras marcas e cicatrizes de anos de trabalho árduo, e sorriu. Sua mente viajou pelo tempo. Centenas de portas, janelas, mesas, cadeiras, telhados e outros trabalhos que ele fizera ao longo da vida vinham como um álbum de fotos em sua mente. Então, o velho carpinteiro, agora de olhos fechados, continuou a orar fervorosamente:

— Meu Deus, depois que o Senhor me chamar deste mundo, as pessoas podem até me esquecer, mas os meus trabalhos de madeira vão continuar sendo úteis para tanta gente. Que da mesma forma seja tudo o que eu fizer para o Teu Reino, meu Pai. As pessoas não precisam lembrar de um simples carpinteiro do interior, mas que tudo que eu fiz de bom neste mundo para Ti, e em Ti, junto com os meus irmãos, seja para que elas nunca esqueçam do Carpinteiro de Nazaré.

Sua intimidade com o Senhor não lhe deixava dúvidas. Não conseguiria voltar ao trabalho naquela noite, pois o Espírito Santo ardia em seu coração. Deus o estava esperando no local de sempre. Por isso, ele entrou e foi até um cantinho na oficina onde estavam sua Bíblia, um banquinho de madeira que fizera há mais de 40 anos, e um pequeno carpete verde dobrado em três partes, que ele passara a usar desde que envelhecera, para conseguir ficar mais tempo de joelhos.

— É, Pai. Parece que hoje o Senhor me quer aqui mais cedo. Fala comigo por meio da tua Palavra e que o teu Espírito me ajude a entendê-la e a orar, mesmo na minha incapacidade.

Ele sentou-se no banco e leu a Bíblia. Depois, com as dificuldades impostas pela idade, ajoelhou-se no pedaço de carpete e orou.

Mais de uma hora e meia depois de ter visto a estrela cadente, o velho carpinteiro se levanta lentamente, apagando as luzes da modesta oficina, e conclui sua oração:

— Continue a usar essas velhas mãos, a vida deste velho servo, e que cada esforço que eu fizer seja para a tua glória. Não sei mais quanto tempo ainda tenho nesta terra, Pai. Estou cansado. Mas, por favor, não me deixe viver um dia sequer sem te conhecer mais e contemplar a beleza da tua santidade. Quero anunciar a todos a tua salvação e glorificar o teu Santo Nome. Santo, Santo, Santo é o Senhor! Eu oro, agradecido por hoje, mas já pedindo mais de Ti amanhã, em Nome do nosso Senhor Jesus Cristo.

A ideia dele era levantar e sair. No entanto, sentou-se no banco novamente, olhou para o forro do teto e começou a cantar pelo refrão: Então, minh'alma canta a ti, Senhor. Grandioso és Tu! Grandioso és Tu…

Interminável

Alcançar um ponto de profunda intimidade com o Senhor não significa que a jornada chegou ao fim. Pelo contrário, estar realmente junto a Deus é um chamado contínuo para buscar, conhecer e amar a Ele e ao próximo com muito mais intensidade. Não importa o quanto você conhece de Bíblia, o quanto já aprendeu de Deus, quantas experiências com Ele já teve, o quanto já trabalhou em Sua obra, e nem o quanto da Sua glória você já viu, sempre haverá mais! Você já experimentou essa sede insaciável em sua própria vida? Você está recebendo um convite agora para ser como aquele carpinteiro de oitenta anos que, mesmo depois de uma vida inteira junto a Deus, ainda buscava mais conhecimento de Cristo, mais revelação da Palavra, mais poder do Espírito Santo, mais do relacionamento íntimo com o Pai. Não importa a sua idade, se começou agora no Evangelho ou se já tem anos diante do Senhor, o convite é para você, e não é meu, mas do Criador e sustentador de toda criação. O próprio Deus te convida a mergulhar profundamente nessa fonte inesgotável, capaz de transformar cada área da sua vida.

E então, o que você vai fazer? Como vai responder? Vai simplesmente guardar esse livro e dizer que foi uma boa leitura ou vai correr daqui para a Palavra de Deus e para a oração, a fim de que nada mais seja como antes no seu dia a dia?

Moisés, mesmo tendo vivido grandes experiências com Deus, clamou por mais. E o Senhor respondeu: *"eis aqui um lugar junto a mim"* (Êxodo 33:21). Você consegue ouvir? A Voz do Senhor ressoa imponente das Escrituras diretamente ao seu coração, repetindo que há um lugar junto a Ele só para você, onde até mesmo o que Moisés não pôde conhecer ou ver, está descoberto, por meio de Jesus Cristo, para todos que desejam conhecer mais do Altíssimo. Estar junto a Deus é caminhar ao Seu lado, de glória em glória, sendo continuamente iluminado e transformado pela Sua Palavra. É uma jornada sem fim nesta terra, onde cada passo, por mais profundo que seja, revela a visão de que existe infinitamente mais para conhecer, ver e experimentar de Cristo, que é a exata imagem do Deus invisível.

A verdadeira vida na fenda da rocha particular é uma jornada que requer entrega e coragem para renunciar a tudo que possa te distrair do que é mais precioso, a saber, a própria Presença do Rei e os tesouros que Ele quer nos revelar em Sua Palavra, por meio do Espírito Santo. Estar junto a Deus não é um lugar ou um estado de espírito momentâneo, é uma jornada contínua em meio ao estonteante brilho de Sua glória.

Incendiados Para Mudar o Mundo

Ao experimentar esse grau de intimidade com Deus, o coração é incendiado pelo Espírito Santo com uma paixão fervorosa por Cristo e Sua Palavra, que transforma por completo a forma de pensar, agir e enxergar o mundo. Esse fogo não é uma chama passageira, que brilha intensamente e logo se extingue, como acontece quando alguém se emociona em um culto, mas retorna para o cotidiano e não vê nada mudar por muito tempo; é um fogo contínuo, como em Levítico 6:13: *"O fogo arderá continuamente sobre o altar; não se apagará"*; é fogo que refina e molda com profundidade, é andar no poder do Espírito Santo, que passa a ser força motriz da vida de quem anda junto a Deus. Você está pronto para oferecer tudo da sua vida a Ele? Cada aspecto, cada área, cada decisão, cada dom, cada talento, cada recurso e cada segundo do seu tempo? Que o Espírito Santo trabalhe em seu coração enquanto você responde isso a si mesmo. Não adianta querer intimidade e profundidade no relacionamento com o Senhor, se você não se entrega por inteiro nisso. Afinal, Ele se entregou totalmente, se fazendo carne, andando entre nós, sendo humilhado, torturado e crucificado cruelmente para ter essa relação profunda com você. Ele se deu por completo. E você, se entrega por inteiro?

Aqueles que se aproximam do Senhor não apenas recebem dEle, mas também se tornam reflexos da Sua glória. É nesse sentido que Cristo disse que somos a luz do mundo. Não brilhamos por nós mesmos, mas como espelhos, refletimos a glória de Deus à qual somos expostos. Assim, sua vida passa a impactar o mundo ao seu redor como luz que dissipa a escuridão, na medida em que você recebe da Luz de Deus, que é Cristo, para refletir o Evangelho onde quer que haja trevas do pecado e do diabo. É esse fogo do Espírito ardendo em nós por Cristo e essa Luz da Palavra lançada sobre nós, que nos capacitam a ser testemunhas autênticas de Deus neste mundo mau e caído. Luz que não é para ser escondida, mas para raiar na escuridão; fogo que não pode ser guardado só para nós, mas deve ser compartilhado com todos que precisam nascer de novo ou conhecer mais do Eterno Criador.

Quem diariamente é consumido por esse fogo e atingido por essa Luz, tem um propósito principal claro em tudo que pensa e faz: viver para Deus e espelhar a Sua glória. Estes são os que se entregam por completo, pondo suas vidas e prioridades verdadeiramente a serviço do Rei. Repetir jargões ou cantar lindas músicas da boca para fora podem parecer grandes coisas para os homens, mas só Deus sabe quais são e onde estão os corações realmente derramados por completo diante dEle. O seu é um desses? Em você, Ele acha um verdadeiro adorador?

Exército: Visão Profética do Povo de Deus

É impossível que nessa jornada você alcance alguma profundidade no relacionamento com Deus e não entenda que a caminhada de intimidade não é apenas sobre você crescer e ter experiências marcantes com Cristo, mas também sobre você ser preparado para algo ainda maior. Deus tem um exército de crucificados nesta terra. Nas fileiras, estão aqueles que entregaram suas vidas a Cristo, que vivem na Rocha da Palavra de Deus, que têm vida diária de dedicação a buscar ao Senhor, que andam no poder do Espírito Santo e que estão dispostos a enfrentar qualquer batalha para que os perdidos sejam alcançados, a Igreja de Cristo seja edificada e o Senhor seja glorificado.

"sabendo isto: que o nosso velho homem foi com ele crucificado, para que o corpo do pecado seja desfeito, a fim de que não sirvamos mais ao pecado. Porque aquele que está morto está justificado do pecado." (Romanos 6:6-7)

O "Exército dos Crucificados" é composto por aqueles que morreram para si mesmos, mas vivem pelo poder da ressurreição de Cristo. Eles carregam a marca da cruz em suas vidas, pois foram crucificados com Jesus e agora não vivem mais para si mesmos, e sim por Ele, totalmente entregues em Suas mãos, transformados dia após dia segundo Sua Imagem, e prontos para ocupar as posições para as quais foram chamados no Reino de Deus. Esse é o exército do Senhor. Cheios de ousadia para anunciar o Evangelho bíblico sem temor, transbordando amor para todos (inclusive para os inimigos), e sempre prontos para enfrentar as trevas com armas espirituais, no poder da Palavra de Deus e do Espírito Santo.

Seu lugar está reservado nesse exército que caminha em unidade e comunhão. Nas fileiras, cada um sabe ter seu papel importante no Corpo de Cristo. Essa unidade no Senhor Jesus, General das tropas de crucificados e Cabeça da Igreja, é o que os torna fortes, e os mantém prontos para qualquer batalha. O próximo passo para quem se dedica a estar Junto a Deus é assumir seu lugar nas formações para a guerra, sob a bandeira do Leão de Judá, e avançar sem medo, em Nome do Senhor!

Chamada Urgente

Para se manter de pé nesse exército, a santificação não é opcional; é a marca dos que realmente pertencem a Deus e nunca recuarão, com medo das hordas inimigas. A ousadia e a perseverança também são características essenciais para aqueles que estão dispostos a viver e morrer pelo Evangelho. Este é um chamado urgente para que você tenha um compromisso profundo no seu relacionamento com Cristo, pois querendo ou não, a guerra espiritual está acontecendo. Você está no meio das batalhas todos os dias. E entenda bem uma coisa: apenas se você vive diariamente junto a Deus, não será ferido pelos dardos inflamados do maligno, permanecerá de pé no dia mau e não cairá nas astutas ciladas do diabo e seu exército de escuridão. Qual é a sua resposta ao chamado das Escrituras que tenho enfatizado neste livro? O que impede você de responder agora? Deus está te chamando neste exato instante! Você quer conhecer mais dEle, e consequentemente refletir a Sua glória contra as trevas do presente século, ou se satisfaz em ser só mais uma pessoa ocupando o banco de uma igreja? Você está pronto para dizer "eis-me aqui" sempre que o Senhor dos Exércitos convocar, ou prefere continuar fingindo que Deus não te chamou para fazer a diferença aonde quer que você vá?

Lembra do velho carpinteiro? Sua vida simples não o impediu de ser um valoroso guerreiro de Deus, pois viveu na igreja (congregação) sendo Igreja (Corpo de Cristo), dedicou-se diariamente a conhecer e prosseguir em conhecer ao Senhor, em sua fenda da rocha particular, e chegou ao fim da vida nesta terra ainda buscando em Deus para que fosse usado por Ele em Seu exército. Meu querido irmão ou irmã, eu não sei se a sua vida é simples ou não, se o seu chamado é para ser visto e conhecido ou não, mas tenho certeza de que o Rei quer te usar poderosamente, começando exatamente aí onde você está. Não importa o lugar ou as circunstâncias, se você andar no poder do Espírito Santo e da Palavra, Deus te usará como um espelho para refletir Sua glória a todos ao redor, e quem sabe muito além do que você imagine, pois o alcance de uma só obra no

Reino pode ser incalculável. Por exemplo: embora a história do carpinteiro seja uma ilustração, ninguém mais sabe quem a criou. Tentei descobrir de todas as formas, para dar o crédito aqui no livro. Todavia, simplesmente foi impossível obter essa informação. No entanto, esse irmão ou irmã, provavelmente não fazia ideia que sua ilustração estaria em um livro como este e seria usada por Deus para alcançar centenas de milhares de vidas no Brasil e no mundo. Entendeu? Apenas faça o que o Senhor lhe trouxer às mãos com zelo, amor e excelência, sem procurar reconhecimento na terra, pois se você realmente estiver obedecendo ao Rei, pode ter certeza que o Céu ficará sabendo, e isso é muito mais do que suficiente.

Advertência: Não Diga Que Eu Não Avisei

Nada é melhor do que o próprio Deus; e Ele promete revelar a Si mesmo para os que O buscarem de todo coração. Clame agora e para sempre: Senhor, em Nome de Jesus, leva-me mais profundo na Tua presença, na Tua Palavra e em Teu amor!

Ao começar essa jornada, saiba que você pode estar prestes a conhecer e presenciar maravilhas indescritíveis, tanto no seu interior, quanto diante dos seus olhos. Jamais se ouviu falar de um cristão que buscou intensamente a Deus e não teve testemunhos gloriosos para contar. Ninguém vê a glória de Deus diariamente, em Cristo, e permanece igual. Não há um sequer que se acostume a estar no Santo dos Santos e viva uma vida comum neste mundo. Portanto, prepare-se! Quem vive junto a Deus passa a ver todas as coisas do ponto de vista de Deus, tendo a mente de Cristo, e isso já basta para que neste mundo tal indivíduo não seja uma pessoa normal.

O exército de Deus está em marcha. Você é um dos crucificados com Cristo que teve a honra de ser escolhido para fazer parte dele. E então? Vai ficar aí parado? Eu não! Deus está me esperando. Ninguém pode me deter! Nada neste mundo é mais importante!

Você vem? Vamos correndo passar pelo véu rasgado, pois logo ali está o Santo dos Santos. O exército dos crucificados está se movendo. Você vai ficar para trás? Vem! Corre! A fenda da rocha particular está logo ali, o Trono da Graça, A Presença do Senhor, o melhor lugar da Existência, o seu lugar junto a Deus.

"Disse mais o Senhor: Eis aqui um lugar junto a mim" (Êxodo 33:21 a)

Epílogo

Dias se passaram desde a notícia que abalou o mundo. As teorias e discussões seguem fervendo na internet, em programas de TV, e em praticamente todos os lugares. No entanto, uma reviravolta surpreende a todos. Agora, em vez de acompanhar pela TV, você é bombardeado com mensagens incessantes no WhatsApp, contendo o link de um vídeo. É um novo plantão urgente:

"Todas as evidências anunciadas nos últimos dias sobre manuscritos reveladores e supostos restos mortais de Jesus Cristo foram desmascaradas como uma fraude meticulosamente planejada. Um dos arqueólogos envolvidos na descoberta anunciada recentemente acaba de publicar um vídeo, onde declara ter tido uma experiência pessoal com Cristo durante a noite anterior. Após o vídeo, ele compartilhou um link contendo provas irrefutáveis de que tudo não passou de um plano meticulosamente forjado para desacreditar a fé cristã. São horas de vídeos, áudios e conversas no WhatsApp que revelam claramente o plano de forjar descobertas para causar um alvoroço global e dar um forte golpe nas crenças e na cultura cristã. Ao que parece, a conspiração pode estar sendo planejada há anos..."

A repórter continua a falar, mas não é preciso ouvir mais nada. Você deixa o celular de lado, dirige-se até a janela e contempla o céu, enquanto a luz do pôr do sol inunda a sala. Olhar sereno e confiante. Um sorriso discreto surge nos seus lábios. Não é um sorriso de alívio, mas de certeza. A certeza de quem já conhecia a verdade muito antes dessa notícia. Não porque você se escondeu atrás de argumentos puramente teológicos ou se deixou levar por debates filosóficos intermináveis, mas porque, desde o início, sua fé estava firmada nas Escrituras e edificada pelo seu relacionamento diário com Deus.

Há em você uma fé sólida, uma paz que excede todo entendimento humano, e uma confiança serena que nenhuma notícia poderia abalar. Fé que é a certeza do que se espera e a prova do que não se vê. Paz que não depende de confirmações externas. Confiança que vai além do que seus olhos podem ver. Quem realmente anda junto a Deus não se abala com nada, pois O conhece não só de ouvir falar, e sim de andar com Ele e vê-lO face a face, em Jesus Cristo.

Você caminha até a mesa, onde está sua Bíblia; e ao abri-la em Hebreus 10:38, está escrito: *"Mas o justo viverá pela fé; E, se ele recuar, a minha alma não tem prazer nele."* Não há dúvidas, não há medo. Você entende que não vive pelo que sente, pelo que acha, pelo que ouve, pelo que vê ou pelo que qualquer um diga. Você vive pela fé. Certeza inabalável, alicerçada na Palavra de Deus, na qual você firma seus passos e sua atenção todos os dias, sempre em oração.

No sofá ao seu lado, o telefone não para de vibrar. Familiares, amigos e conhecidos, todos aguardam ansiosamente por sua reação. A resposta permanece inalterada desde o primeiro dia: "Nada abala quem conhece a Deus de perto. Repito o que sempre respondi, desde o começo dessa confusão. Minha fé só muda no dia em que a Palavra de Deus mudar, e como os céus e a terra passarão, mas a Palavra de Cristo não há de passar, minha fé nunca mudará."

Essa é a reação de alguém que realmente anda junto a Deus. Diante de um cenário assim, estou certo de que muitos se levantariam para defender a fé externamente, mas quantos realmente teriam essa Paz perfeita e completa, a ponto de não sentir alívio algum ao ver o engano desfeito, por nunca ter tido dúvida em seu coração?

Imagine uma pessoa com quem você convive diariamente. E se dissessem que ela não existe ou está morta? Você sorriria e ficaria tranquilo, certo? Afinal, convivem todos os dias. É exatamente a mesma coisa. É muito bom saber sobre Jesus, mas conhecê-lO de verdade e andar com Ele todos os dias, conforme as Escrituras, é o que realmente faz a sua fé indestrutível.

Posso orar com você agora?

"Senhor, leva-nos para mais perto de Ti, para as profundezas do Teu Ser e do Teu amor. Que nunca fiquemos satisfeitos com o que já conhecemos de Ti. Que nossas vidas sejam um reflexo da Tua glória, para que, mesmo em meio às maiores tempestades, o mundo veja que, junto a Ti e somente junto a Ti, existe Graça, salvação e verdadeira felicidade. Ergue-nos em Teu exército, no poder do Teu Espírito, para que levemos o Teu Santo Nome bem alto e preguemos o Evangelho neste mundo tenebroso, onde tantos milhões precisam desesperadamente do Teu perdão. Leva-nos todos os dias ao nosso lugar junto a Ti, para que estejamos sempre prontos para quando o Senhor nos chamar para a batalha. Oramos em nome de Jesus Cristo! Amém!"

"Chegai-vos a Deus, e ele se chegará a vós." (Tiago 4:8)

"Buscai ao Senhor enquanto se pode achar, invocai-o enquanto está perto." (Isaías 55:6)

"Perto está o Senhor de todos os que o invocam, de todos os que o invocam em verdade." (Salmo 145:18)

"Buscar-me-eis e me achareis quando me buscardes de todo o vosso coração." (Jeremias 29:13)

"Mas agora em Cristo Jesus, vós, que antes estáveis longe, já, pelo sangue de Cristo chegastes perto." (Efésios 2:13)

Que a incomparável Graça do Senhor Jesus esteja com todos vocês.

Com amor, em Cristo,

Raphael Melo

***** Continua em "Exército dos Crucificados" *****

ESSE LIVRO ABENÇOOU VOCÊ?

Se a resposta for sim, por favor, leia o texto abaixo muito carinho e atenção, diante do nosso Deus.

Somos um ministério cristão que busca pregar e viver o verdadeiro Evangelho das Escrituras. Temos alcançado milhões de pessoas por mês, no Brasil e no mundo, por meio das mídias sociais, aplicativos de vídeos, site, e de livros, como este que está em suas mãos.

Por não nos dobrarmos a inúmeras propostas para agirmos misturando a Mensagem do Evangelho com comércio e negócio, temos enfrentado muitas dificuldades na continuidade desse trabalho. Embora seja verdade que o Senhor multiplica os recursos na vida daqueles que são generosos com Sua obra e com os necessitados, não prometemos bençãos para quem oferta, pois acreditamos que toda contribuição deve ser por amor e sem barganha alguma. Saber que Deus retribui e crer nisso é uma coisa, dar apenas na intenção de receber mais, é outra; e infelizmente, muitos se acostumaram a só dar esperando receber do Senhor algo em troca. Esse cenário colabora para angariamos poucas ofertas, diante do grande custo mensal que o ministério tem para continuar alcançando mais de 5 milhões de pessoas por mês, nos números atuais.

Temos continuado graças ao cuidado de Deus, que usa alguns irmãos para nos enviar ofertas de amor e sobretudo abençoa as vendas dos livros do Pr. Raphael, pois há anos ele tem doado 100% dos seus direitos autorais ao ministério.

Você deseja que o Ministério Muros do Evangelho continue alcançando e ajudando milhões de vidas por mês, como tem feito até hoje?

Então, você pode ajudar das seguintes maneiras:

1. Envie-nos uma oferta amor, de preferência mensal, mas também pode ser avulsa, conforme o Espírito Santo lhe dirigir. Use a chave PIX **prraphaelmelo@gmail.com** ou capture o QR CODE abaixo:

2. Adquira nossos outros livros, com frete grátis para todo Brasil. Saiba como nas próximas páginas.

3. Envie-nos um testemunho em vídeo (do seu celular), dizendo o que achou do livro e como ele lhe ajudou.

4. Adquira nossos outros livros, com Frete Grátis para todo Brasil. Para glória de Deus, todos são Best-sellers. Saiba como nas próximas páginas.

5. Acompanhe-nos em nossas mídias sociais, aplicativos e canais, seguindo, se inscrevendo, compartilhando os conteúdos e interagindo com as publicações. Em todo os lugares, você nos encontra como **@prraphaelmelo** e **@murosdoevangelho**

Muito obrigado por sua disposição em ajudar! Você pode obter auxílio para realizar qualquer uma das opções acima chamando a equipe do Ministério no WhatsApp **21 97767-4141** ou entrando em contato pelas nossas redes sociais, que estarão na última página. Que Deus seja sempre glorificado em sua vida e lhe abençoe muitíssimo, em Nome de Jesus Cristo, nosso Senhor.

Com amor,

Equipe Muros do Evangelho.

DENTRO DA IGREJA E LONGE DE DEUS

É possível que alguém esteja dentro da igreja e longe Deus?

Sim, é possível. E, infelizmente, essa é a situação da maioria das pessoas que participam como membros de igrejas cristãs evangélicas no Brasil. Hoje em dia, muitos dos que se denominam cristãos não sabem nem o que é o Evangelho. A maioria não sabe ao menos o significado de Igreja.

Este livro vai ajudar tanto os que se encontram dentro de uma igreja, mas sentem-se longe de Deus, quanto os que conhecem pessoas nessa situação e desejam ajudá-las. Ele foi concebido sob muita oração e em profundo amor aos que tem vivido em trevas, mesmo que aparentem ser filhos da Luz.

Há esperança. O Pai ama a todos, mesmo aos que já tiverem descido aos últimos estágios de frieza religiosa morta. Ele não poupou o seu próprio Filho para resgatá-los! Por isso, esse não é um livro de dedos apontados, mas de mãos estendidas. Não uma sentença de condenação, mas um proclamar da Graça de Deus!

Para adquirir com frete grátis para todo Brasil, acesse o site ou capture o QR CODE no seu celular:

raphaelmelo.com.br/dentro-da-igreja-e-longe-de-deus

ARRASANDO O INFERNO

Se você se deparar com um anjo caído hoje, quem dará o primeiro passo para trás?

As forças do império das trevas estão posicionadas e avançando. Mas, infelizmente, a maioria dos que estão em igrejas cristãs no Brasil tem sido um alvo fácil para satanás e seus espíritos malignos. Tanto se fala em batalha espiritual, contudo, na prática, o que se vê é um triunfo do mal sobre muitos dos que dizem servir a Cristo.

Este livro vai ajudar a todos os cristãos, sendo eles novos convertidos ou dos que têm anos de caminhada na fé. Ele foi escrito, por conta da urgente necessidade que a Igreja de Cristo tem de entender o que é a verdadeira guerra espiritual em que está, e como se pode vencê-la diariamente.

Nestas páginas, você vai saber o que as Escrituras têm a dizer sobre como a genuína Igreja de Jesus prevalece contra as portas do inferno. Prepare-se para se deparar com verdades espirituais que pouquíssimos na atualidade conhecem, mesmo os que participam fielmente de alguma igreja.

A guerra está ao seu redor. O tempo todo. Os exércitos do diabo não descansam nem um segundo. E a frieza religiosa morta não pode nada contra eles. Ao terminar a leitura, se você seguir os ensinamentos bíblicos apresentados, não há demônio que poderá lhe enfrentar. Mesmo os maiores principados das trevas ou o próprio satanás terão que dar um passo para atrás, ao lhe encontrarem.

Arrasar o inferno é vocação de cada um que se chama pelo Nome do Senhor. Você nasceu de novo? Então, é um dos que são capazes de assolar o exército do inimigo, não pelo que possa fazer por si mesmo, mas por Aquele que já venceu e está com você, Jesus Cristo.

Para adquirir com frete grátis para todo Brasil, acesse o site ou capture o QR CODE no seu celular:

raphaelmelo.com.br/arrasando-o-inferno

ANIQUILAÇÃO
A ÚLTIMA HORA

Após uma forte tempestade, a pequena cidade de São Thomé dos Rios fica isolada. Estrada bloqueada. Energia elétrica, telefone e internet não funcionam. Mas o maior problema dos moradores é uma fatal e misteriosa doença, que se espalha rápido, instalando um verdadeiro caos.

O que surge nessa pequena cidade serrana do Rio de Janeiro é um lugar perigoso, ocupado pelo exército e monitorado, à distância, por pessoas que parecem saber o que realmente está acontecendo, enquanto forças obscuras espreitam as ruas desertas e semidestruídas.

Depois de passar por estas páginas, você nunca mais verá o mundo da mesma forma.

Para adquirir, com frete grátis para todo Brasil, acesse o site ou capture o QRCODE no seu celular:

raphaelmelo.com.br/aniquilacao-a-ultima-hora

QUANDO SÓ
QUERO DESISTIR

Quem, em algum momento, não passa por situações difíceis?

Não! Ninguém, nesta vida, está livre de dores e aflições. Mas como fazer para não parar? Como não desanimar, quando as lágrimas descem molhando o rosto, e afiadas, cortando o coração? Será que não há nada que possamos fazer, a não ser esperar chegar ao Céu, quando não haverá mais dor?

Esta obra vai ajudar quem passa por qualquer tipo de sofrimento a vencer o desânimo. Prepare-se para uma leitura surpreendente. Ao contrário do que possa parecer, você não está diante de um livro triste, depressivo e conformista. Pelo contrário. Em cada página, revelações estonteantes e reluzentes da glória do Senhor, vindas das Escrituras, estarão diante de você.

Quando só quero desistir, Deus me põe num caminho de vitória, não de derrota. O mar que Ele coloca diante de mim é de glória, não de trevas. O Criador é o protagonista e eu parte de um plano de amor e redenção, não de sadismo e perdição.

A mensagem é de expectativa e esperança. Não exaltação de circunstâncias contrárias, mas certeza de que, em Cristo, você deve perseverar e continuar, jamais desanimar e parar. Afinal, há um lugar junto a Deus para você, onde angústias não podem ferir seu coração. Quer ir até lá? Então, vem e vê. Vem e lê!

Para adquirir, com frete grátis para todo Brasil, acesse o site ou capture o QRCODE no seu celular:

raphaelmelo.com.br/quando-so-quero-desistir

#Muros do Evangelho na Internet

WhatsApp
(21) 97767-4141

Curta Nossas Páginas no Facebook
fb.com/MurosDoEvangelho
fb.com/prraphaelmelo

Inscreva-se no Canal do YouTube
/C/MurosDoEvangelho

Siga-nos no Instagram
@murosdoevangelho
@prraphaelmelo

Siga-nos no TikTok
@prraphaelmelo

Siga-nos no Kwai
@prraphaelmelo

Siga-nos no X (Twitter)
@prraphaelmelo

Siga-nos no Threads
@prraphaelmelo

E-mail:
contato@rmevangelho.com.br

Muros do Evangelho

Acesse Nossos Sites

www.raphaelmelo.com.br

www.rmevangelho.com.br

9 786501 245447